Alexander Boche
Florian Regier

Lean Management in der Pflege

Der Ausweg aus dem Pflegenotstand?

Bibliografische Information der Deutschen Nationalbibliothek:

Die Deutsche Nationalbibliothek verzeichnet diese Publikation in der Deutschen Nationalbibliografie; detaillierte bibliografische Daten sind im Internet über http://dnb.d-nb.de abrufbar.

Impressum:

Copyright © Studylab 2019

Ein Imprint der Open Publishing GmbH, München

Druck und Bindung: Books on Demand GmbH, Norderstedt, Germany

Coverbild: Open Publishing GmbH | Freepik.com | Flaticon.com | ei8htz

Inhaltsverzeichnis

Abkürzungsverzeichnis V

1 Einleitung 1

2 Methoden 3

3 Ziel dieser Arbeit 4

4 Theoretischer Hintergrund des Lean Management und Lean Hospital 5

    4.1 Lean Thinking und Historie 5

    4.2 Die Prinzipien des Lean Managements 6

    4.3 Führungsstil des Lean Managements 8

    4.4 Grundlagen des Lean Hospital 12

5 Die Methoden des Lean Management im Krankenhaus "Lean Hospital" ... 17

    5.1 Muda 17

    5.2 Gemba Walk / Shopfloor 18

    5.3 Wertstromanalyse 19

    5.4 Kaizen 20

    5.5 Heijunka 21

    5.6 5S Methode 22

    5.7 Pull-Prinzip 23

    5.8 Fluss-Prinzip 25

    5.9 Perfektion anstreben 26

6 Der Weg zum Lean Hospital anhand einer Lean Bettenstation 27

    6.1 Die sieben Phasen der Konzeptionierung zur Gestaltung einer Modellzelle 28

7 Implementierung eines Lean Managements Konzeptes anhand einer Lean Bettenstation in Liestal und Biel 40

    7.1 Ausgangslage Kantonsspital Baselland in Liestal 40

    7.2 Ausgangslage des Spitalzentrums Biel 40

7.3 Die Methoden von Lean Hospital in Liestal und Biel 41

7.4 Erste Erkenntnisse aus Liestal und Biel... 52

8 Ergebnisse.. **53**

8.1 Unterbrechungen und Fehlerquellen... 53

8.2 Standardisierung von Prozessen und Kommunikationswegen... 53

8.3 Patientenzentriertheit und –zufriedenheit 54

8.4 Mitarbeiterzufriedenheit und –zentriertheit 55

8.5 Kostensenkung 57

9 Diskussion **59**

10 Fazit **62**

Literaturverzeichnis.. **64**

Abbildungsverzeichnis: **69**

Tabellenverzeichnis **70**

Anhang: Fragebogen für ein telefonisches Interview **71**

Abkürzungsverzeichnis

Abb.	Abbildung
Bspw.	Beispielsweise
Ca.	circa
z.B.	zum Beispiel
TQM	Total Quality Management
u. a.	unter anderem
n.b.	nicht bekannt
S.	Seite
TPS	Toyota-Produktions-Systems
DRG	Diagnosis Related Groups
o.J.	ohne Jahresangabe
CEO	Chief Executive Officer
PDCA	Plan, Do, Check, Act
Jg.	Jahrgang

1 Einleitung

In Zeiten steigender Multimorbidität der Patienten und dem dadurch in den Vordergrund rückenden Personalnotstand, müssen Leistungserbringer der Pflege vor allem in Bezug auf das Vergütungssystem für Krankenhausleistungen, der Diagnosis Related Groups (DRG), eine neue ökonomische Managementstrategie aufstellen, um den zukünftigen Problemen gewachsen zu sein (von Eichel, 2013, S. 2). Wie nie zuvor sind Einrichtungen des Gesundheitswesens durch vielschichtige Veränderungen, tiefgreifende Umwälzungen und krisenhafte Umbrüche geprägt. Überleben wird nur, wer rechtzeitig den Wandel erkennt, sodass er die realisierte Zeitspanne für erforderliche Anpassungen nutzen kann. Wandel kann nicht mehr als Ausnahmesituation, sondern muss als Normalfall im Alltag des Managements von Gesundheitseinrichtungen begriffen werden (von Reinersdorf, 2007, S. 15).

Das Kernproblem der heutigen Krankenhauspolitik ist zum einen, dass das Pflegepersonal unter den so genannten "variablen Kosten" geführt wird und somit nicht in die zentrale Erlösbildung der jeweiligen Einrichtung gehört, wodurch es in den vergangenen Jahren zu einer erheblichen Kostenreduktion im Bereich des Pflegepersonals gekommen ist. Zum anderen zeigt sich eine deutliche Erhöhung des Pflegeaufkommens, anhand der Fallzahlen und der Multimorbidität der Patienten. Dies hat zur Folge, dass das Pflegepersonal weniger "Manpower" zur Verfügung hat; und dies bei einem parallel stetig wachsenden Aufgabenfeld. Hierzu gehören vor allem eine große Zunahme administrativer Tätigkeitsfelder, sowie die Pflegedokumentation und die Patientenversorgung (von Eichel, 2013, S. 2). Durch diesen enormen Anstieg des pflegerischen Aufgabenfeldes, bei einer verminderten Personaldecke in der Pflege kommt es insbesondere im Punkt der Patientenzufriedenheit häufig zu einem Defizit, da die Patienten unter dem Zeitmangel des Pflegepersonals leiden. Auch die Zufriedenheit der Mitarbeiter leidet unter dem hohen Aufkommen, dies führt zu Überforderung. Um dieser zukünftig verschärfenden Problematik entgegenzuwirken, bietet ein Lean Management-Konzept eine mögliche Lösungsstrategie. In einigen Schweizer Spitälern wurden bereits erfolgreich Lean Management-Konzepte eingeführt und umgesetzt. Laut Walker et. al (2015, S. V) ist der Hauptgrund für ein besseres Krankenhaus, dass der Patient immer an erster Stelle kommt und das davon im Endeffekt alle profitieren. "Wer den Patienten an die erste Stelle setzt, erhält ein besseres Krankenhaus.

Man erzielt schnellere Fortschritte hinsichtlich Patientenzentrierung, Mitarbeiterengagement, Patientensicherheit, Wirtschaftlichkeit und medizinischer Qualität. Und diese Fortschritte sind nachhaltig." (S. V). Somit ist Walker et. al. der

Überzeugung, dass durch eine höhere Patientenzufriedenheit gleichzeitig die Zufriedenheit der Mitarbeiter steigt. Die erste Lean Bettenstation wurde im Jahr 2013 im Schweizer Kantonsspital in Baselland in Liestal etabliert, keiner der dort beteiligten Akteure kann sich nach erfolgreicher Implementierung jemals wieder vorstellen zu alten Strukturen ohne Lean Management zurückzukehren (Walker et. al., 2017, S. VII). Ein erfolgreich umgesetztes Lean Management-Konzept soll außerdem die Kosten senken und die allgemeine Qualität deutlich verbessern (von Eichel, 2013, S. 2). Das Lean Management ist also ein zukunftsorientiertes Konzept welches Auswirkungen auf die kompletten Managementstrukturen, die Patienten- und die Mitarbeiterzufriedenheit haben soll. Wie muss also eine Unternehmenskultur aussehen um angesichts dieser aber auch anderer, z.B. ökonomischer Herausforderungen wie etwa der Fallpauschalenabrechnung in Krankenhäusern, den DRG's, dazu beizutragen Berufsflucht zu verhindern oder sogar Mitarbeiter zu binden?

2 Methoden

In einer ersten Phase wurden potentielle Themen diskutiert und erörtert. Nachdem das Thema dieser Arbeit grob umrissen wurde, erfolgte eine detaillierte Eingrenzung. Hauptsächlich wurde ein Fokus auf Literatur im Kontext des Lean Managements und Lean Hospitals gelegt. Dabei ging es darum, das Konzept des Lean Managements, sowie Problemfelder und Schwierigkeiten zu identifizieren. Hierzu wurde ein Suchalgorithmus entwickelt und auf den Datenbanken "Cochrane Library", "Google Scholar", "PubMed" und "LIVIVO" angewendet. Folgende Suchbegriffe wurden zur Recherche herangezogen und mit dem Suchoperator AND verknüpft: "Lean Hospital", "Lean Management", "Lean Healthcare", "Lean Management & Pflege". Insgesamt konnten hierbei 184 Fachbücher und Fachartikel identifiziert werden. Eingeschlossen wurden deutschsprachige Publikationen aus Deutschland, Österreich und der Schweiz. Die Abstracts der insgesamt 184 identifizierten Fachartikel und Fachbücher wurden daraufhin auf Relevanz untersucht. Insgesamt wurde nach Sichtung der Abstracts, 32 Fachartikel und 5 Fachbücher gelesen. Außerdem wurden weitere Suchbegriffe aus dem Lean Management verwendet, um das Konzept umfassend darzustellen. Hierzu wurden folgende Suchbegriffe verwendet: "Kaizen", "Muda", "Lean Thinking", "Stündlicher Rundgang", "Lean AND Arbeitszonen", "Gemba AND Walk", "Shopfloor", "Wertstromanalyse", "Heijunka", "5-S AND Lean", "7-S AND Lean", "Mobiler Pflegewagen AND Lean", "Mitarbeiterzufriedenheit AND Lean", "Patientenzufriedenheit AND Lean", "Grenzen AND Lean", "Chancen AND Lean" und "Implementierung AND Lean" wurden mit entsprechenden Operatoren zusammengeführt und verarbeitet. Ausschließlich wurde nach Literatur gesucht, welche sich auf den deutschsprachigen Raum bezieht. In der Folge wurde eine Vielzahl an Literatur gesichtet und im Anschluss auf ihre Relevanz für die Arbeit bewertet, so dass eine umfassende Analyse des Themengebietes stattfinden konnte.

Nach Abschluss der Literaturrecherche wurde ein Interview mit einer ehemaligen Mitarbeiterin des Kantonsspitals Baselland in Liestal geführt. Dieses Kantonsspital ist die erste Klinik im deutschsprachigen Raum, in welcher das Lean Hospital-Konzept nach Walker et. al erfolgreich implementiert wurde. Die Konzeptionierung der gesamten Arbeit wurde nach Walker et. al durchgeführt, da dieser mit seiner Beratungsfirma 'Walkerproject' als Meilenstein in der Lean Hospital Konzeptionierung gilt.

3 Ziel dieser Arbeit

Nach den Schilderungen der aktuellen Situation unseres Gesundheitswesens und dessen Problemen, wird in dieser Arbeit der Frage nachgegangen, ob in Einrichtungen mit Lean Management Ansätzen, eine höhere Mitarbeiter- und Patientenzufriedenheit herrscht als in Einrichtungen mit klassischen Managementstrukturen.

In den folgenden Kapiteln wird sich mit dem Lean Thinking, den Grundprinzipien des Lean Managements, sowie den verschiedenen Methoden beschäftigt. Anschließend wird das Konzept des Lean Hospital von der Implementierung bis zum Ende und der regelmäßigen Evaluation erläutert.

Abschließend werden Grenzen und Chancen des Lean Managements aufgezeigt und es wird ein Ausblick in die Zukunft des Lean Hospitals gewagt.

4 Theoretischer Hintergrund des Lean Management und Lean Hospital

In diesem Abschnitt werden alle notwendigen Begriffe aufgeführt und beschrieben, um einen verständlichen Kontext für den Ergebnisteil dieser Arbeit zu schaffen. Außerdem findet eine Abgrenzung des Themengebietes statt.

4.1 Lean Thinking und Historie

Was ist Lean? Der Begriff 'Lean' stammt aus dem englischen und bedeutet 'schlank'. Stellt man sich dabei zur Veranschaulichung einen leistungsfähigen und trainierten Körper mit genau der richtigen Menge an Muskeln und Fett vor, der zu jeder Zeit die erforderlichen Aufgaben zur vollsten Zufriedenheit erfüllt, dann ist dies eine ansprechende Metapher, um den Begriff 'Lean' im Kontext der Prozessverbesserung zu beschreiben. Im Allgemeinen wird 'Lean' als Beschreibung für einen Prozess dann verwendet, wenn dieser Prozess hochgradig effizient und effektiv ist und in seiner gesamten Aktivität, an den Kunden mit seinen Wünschen und Bedürfnissen ausgerichtet ist (Scholz, 2016, S. 5). Laut Hattenbach (2010, S. 3) ist im Lean Management der wichtigste Bestandteil, eine klare Definition des Kundennutzens und die damit verbundene Klarheit über Wertschöpfung und Verschwendung zu erreichen. Denn diese Wertschöpfung sei elementar für die erfolgreiche Ausrichtung aller Prozesse und Tätigkeiten. Scholz (2016, S 5 f.) zufolge ist dieser Ansatz nicht neu. Die Grundlagen für Lean wurden Anfang des 20. Jahrhunderts durch Henry Ford gelegt. Mit der Erfindung der Massenproduktion, und den daraus resultierenden Fließbändern, waren erste wesentliche Aspekte einer schlanken Produktion thematisiert: Fließende Prozesse, getaktete Tätigkeiten, hohe Wertschöpfung und null Fehler. In Bezug auf das Thema "Produktion von Autos" hat Walker et. al (2015, S. 3) seine ganz eigene Meinung: "Patienten sind keine Autos, aber sie schätzen es, wenn sie zum Beispiel in tristen Krankenhausfluren nicht endlos warten müssen und die Dienstleistung zu ihnen kommt". Beim Lean Management, stößt man häufig auf japanische Begrifflichkeiten wie: Gemba, Muda, Heijunka, Kaizen etc. Dies liegt daran, dass der japanische Automobilhersteller Toyota als Begründer des ganzheitlichen Lean-Production-Systems gilt. Taiichi Ohno gilt als Erfinder der Lean Production, welche er bei Toyota unter dem Namen TPS (Toyota-Produktions-Systems) einführte. Später wird Lean Production oder Lean Manufacturing häufig nur noch als "Lean" beschrieben, so Scholz (2016, S. 7).

4.2 Die Prinzipien des Lean Managements

Die Prinzipien des Lean bestehen aus einer Basis mit den Elementen Firmenphilosophie, Visualisierung, stabile und standardisierte Prozesse, sowie geglätteter Produktion. Zwei Säulen, die erste mit dem Motto "Just in Time"; alles zur richtigen Zeit, alles in der richtigen Menge. Die zweite Säule bildet das "Jidoka" dieser Begriff bedeutet, dass nur Prozessen nachgegangen wird, die lediglich Qualität erzeugen können. Gottschalk (2018, S. 2) schrieb, dass ein Lean Hospital, jede Minute daran arbeite, den Nutzen für seine Patienten zu steigern. Um jedoch diese Ideologie als gelebte Unternehmenskultur zu etablieren bedarf es eines langen Weges.

Laut Scholz (2016, S. 8) ist das Zentrum des Lean Managements der kontinuierliche Verbesserungsprozess, das sogenannte "Kaizen", bei dem jeder Mitarbeiter mitwirke und Verschwendung reduziert wird. Das Dach im Lean Management sind die Ziele. Beste Qualität, zu geringen Kosten, höchste Sicherheit, kurze Durchlaufzeit und eine hohe Mitarbeiterzufriedenheit. Ein wichtiger Faktor hierbei ist laut Bleher (2014, S. 11) die Art und Weise, wie ein Unternehmen geführt und gesteuert wird. Relevant sei die Verknüpfung aller Unternehmensbereiche und die Optimierung, sowie der Ausbau der vorhandenen Schnittstellen. Nach Scholz (2016, S. 8) geht es beim Thema Prozess um den eigentlichen Unternehmensgegenstand. Im Krankenhaus bedeutet dies, sich um den Patienten mit allen notwendigen Begleitprozessen zu kümmern und diese so optimal wie möglich zu gestalten. Gottschalk (2018, S. 2) weist in seinem Buch "Das schlanke Krankenhaus" immer wieder auf das enorme Maß an Verschwendung hin, welches in jedem Krankenhaus existiere. Gemäß Bär und Purtschert (2014, S. 30) sei zu betonen, dass Lean Thinking eine Philosophie darstelle und diese einen fortwährenden Prozess widerspiegele. Nach Scholz (2016, S. 8) gäbe es in einem Unternehmen drei Ebenen des Lean Managements. Diese setzten sich zusammen aus dem Prozess, der Führung, sowie der Kultur im Unternehmen. Gebler (2016, S. 55) zufolge steht Lean Management für eine Kultur und Methode die das Unternehmen prägt. Scholz (2016, S. 16) beschreibt die Kulturebene, also die Art und Weise wie im Unternehmen miteinander umgegangen, gearbeitet und wie gedacht wird. Nach Scholz handelt es sich also um den Teil des Unternehmens, der unausgesprochen von den Mitarbeitern gelebt und meist über lange Zeit geprägt wird.

Bei dem Thema der Unternehmenskultur stellt sich Scholz (2016, S. 16) oft folgende Fragen: Ist es erlaubt Fehler zu machen? Respektieren sich alle Mitarbeiter gegenseitig? Arbeiten wir im Team? Existiert ein gemeinsames Unternehmensgefühl? Ist es unsere Aufgabe nur das Tagesgeschäft abzuwickeln, oder auch nach Verbesserungen zu streben? Gebler entsprechend sollte die Kultur des Unternehmens kreativ, kundenorientiert und Lean wirken (2016, S. 59).

Die 'Symptome' der jeweiligen Unternehmenskultur werden in der Praxis durch das Verhalten und die Kommunikation, am Krankenstand, in der Gestaltung von Büro und Arbeitsplatz, an Fehlerraten und Kundenreklamationen und vielen weiteren 'Symptomen' sichtbar. Bei erfolgreicher Verbesserungsarbeit repräsentiert der Kulturbegriff gleichzeitig die neue Routine. Der Prozess wurde in Zusammenarbeit der Mitarbeiter optimiert und jeder führt ihn in der gewünschten Art und Weise dauerhaft aus, beziehungsweise das Team passt ihn gemeinsam mit der Führung, im Bedarfsfall an. Gemäß Bayer (o.J., S. 5) ist dies nur dann sichergestellt, wenn jeder Mitarbeiter die Prozesse auf potentielle Fehler überwacht und auf der Basis seiner Kenntnisse weitere Verbesserungen initiiert. Scholz (2016, S. 11 f.) zufolge spielt neben den allgemeinen Unternehmensregeln, die Veränderungsbereitschaft eine wichtige Rolle. Es muss ein Verständnis dafür geschaffen werden, wieso Veränderungen erforderlich seien und welche Ziele angestrebt werden. Wenn es nicht gelingt alle Mitarbeiter von der Sache zu überzeugen und sie sich infolgedessen nicht mit den Zielen identifizieren können, werden Verbesserungsmaßnahmen nicht den gewünschten Effekt erzielen. Denn ein Lean Management beruht auf Standardverfahren zur Ausführung von Aufgaben und kann nur realisiert werden, wenn die Mitarbeiter sie respektieren und befolgen. Gebler entsprechend (2016, S. 60) ist Lean ein lebendiger Organismus, in dem Menschen Meister darin geworden seien Ziele gemeinsam zu verfolgen.

Die letzte Ebene ist nach Scholz (2016, S. 12) die Managementebene. Diese beschreibt, wie im Unternehmen geführt, Mitarbeiter in Ihrer Fähigkeit entwickelt und wie die Prozesse unterstützt bzw. begleitet werden. Der kontinuierliche Verbesserungsprozess wird durch das Management getragen. Dieses Vorgehen klingt zwar logisch und banal, wird jedoch bei der Umsetzung in der Praxis häufig unterschätzt.

Es reicht nicht aus, die jeweiligen Prozessverantwortlichen zu benennen und Ihnen die Aufgabe zu übertragen oder Lean Manager zur Implementierung von Lean zu beauftragen. Vielmehr geht um die Beteiligung, das 'Vor-Ort-Sein', selbst zu agieren und diese Mentalität vorzuleben. Aber gleichzeitig auch gegenzusteuern und Mut oder Zuspruch zu kommunizieren. Eine Implementierung von Lean funktioniert deshalb niemals ohne eine Beteiligung der Führung.

Laut Hattenbach (2010, S. 3) bedeutet Lean Management, die tägliche Auseinandersetzung mit der Verbesserung. Nach Scholz (2016, S. 12) kann keine dieser drei Ebenen für eine erfolgreiche Implementierung vernachlässigt werden. Das Zusammenspiel der Ebenen stellt nur eine sehr vereinfachte Sicht auf Unternehmen dar.

4.3 Führungsstil des Lean Managements

In den vergangenen Jahren gab es eine Vielzahl von Führungsstilen, um den stetig neuen Herausforderungen gewachsen zu sein. Angefangen mit dem früh etablierten 'Kommandieren - Kontrollieren - Korrigieren' 3-K-Stil, über den in den 70er Jahren etablierten 3-F-Stil 'Fordern - Fördern - Feedback'. Bei diesem Führungsstil kam es erstmals zu einer mitarbeiterorientierten Führung. Der Mitarbeiter wurde vor ein herausforderndes Aufgabenfeld mit einer Zielsetzung gestellt und in der Zeit der Aufgabenbearbeitung wurde die Entwicklung des Mitarbeiters genauestens überprüft. Es wurde außerdem beurteilt, welche Eigenschaften des jeweiligen Mitarbeiters noch ausbaufähig und vor allem förderbar waren. Das Hauptaugenmerk lag hier also auf einem Feedback direkt an den Mitarbeiter, denn man war der Auffassung, dass ein direktes Feedback, ein herausforderndes Aufgabenfeld und eine stetige Entwicklungsbeurteilung zu einer höheren Arbeitsmotivation des Mitarbeiters beitrugen. Im weiteren Verlauf entwickelte sich der 3-F-Stil zum modernen 3-K-Stil 'Kontext - Kultur - Kräfte' weiter. Dieser Führungsstil beinhaltet neben ökonomischen Gesichtspunkten, auch eine stark wertorientierte Betrachtungsweise. Dieser legt das Augenmerk auf den Ressourcen gerechten Einsatz der Mitarbeiter, welcher heute unter dem Punkt "Human-Ressource-Management" verstanden werden kann. Edmund Tondeur, zitiert in Walker, Alkalay, Kämpfer und Roth (2017, S.79), sagte einst, "Führung dient dazu, die Energien der Mitarbeitenden für das gemeinsame Ziel zu mobilisieren.". Hierbei ist es außerdem wichtig, dem Mitarbeiter bei seiner stetig wachsenden Qualifikation eine eigenverantwortliche Arbeitsweise anzuvertrauen (Vater, 2008, S. 20, f.). Einen festen oder den richtigen Führungsstil gibt es also hinsichtlich der verschiedenen Settings und Personenvielfalt nicht. Führung muss sich an die Bedürfnisse der Mitarbeiter und des Unternehmens anpassen. "...es gibt nicht den einzig richtigen Führungsstil. Richtiges Führungsverhalten ist vielmehr die adäquate Reaktion des Vorgesetzten, auf die von ihm wahrgenommene und erlebte Führungssituation" (Vater, 2008, S. 21). Führung ist somit ein stetig wachsender und lernender Prozess, der im Wandel der Zeit steht. Führungskräfte stehen somit stets vor neuen Herausforderungen und müssen, um mithalten zu können, einen hohen Grad an Lern- und Veränderungsbereitschaft zeigen (Vater, 2008, S. 21, Walker et. al, 2017, S. 78).

Der Führungsstil im Lean Management definiert sich vor allem durch veränderte und schlankere Hierarchiestrukturen; der Lean Culture und dem Lean Leadership (Vater, 2008, S. 22). Wie erwähnt, ist ein wichtiger Punkt der Führung, Veränderungen wirksam zu erfassen und umzusetzen und im Fall des Lean Hospitals die Zeit am Patientenbett zu erhöhen. Im Lean Management ist es vor allem die Aufgabe der Führung, wie zum Teil in dem modernen 3-K-Stil, ein gemeinsames Ziel zu finden und die Ressourcen der beteiligten Akteuren effizient einzusetzen (Vater, 2008, S .20, Walker et. al, 2017, S. 78/79). Somit ist eine weitere große Aufgabe der Führung im Lean Management Vertrauen zwischen allen Akteuren zu schaffen. Der Kulturanthropologe Simon Sinek, zitiert in Walker et. al (2017, S. 79), dass es "die Aufgabe der Führung sei, eine Gemeinschaft von Menschen zu schaffen, die dieselben Werte und Überzeugungen teilen".

Gleiche Ansichten und Wertvorstellungen führen somit zu einem wichtigen Punkt, nämlich dem gegenseitigen Vertrauen. Durch gegenseitiges Vertrauen lassen sich Menschen auf Veränderung und gegebenenfalls neue Unternehmensstrukturen ein. Die Führung im Lean Management muss deshalb das Vertrauen der Mitarbeiter gewinnen und ein klares und für alle verständliches Ziel verfolgen. Die Führung muss von Anfang bis Ende die Begeisterung vertreten, nicht von den Zielen abweichen und darf sich nicht in widersprüchliche Aussagen verstricken. Die Führung muss die Überzeugung auf die Mitarbeiter übertragen, dass das was man tut einen Sinn habe und dem Wohl aller diene, nämlich dem Patienten, den Mitarbeitern und der Organisation. Die gemeinsame Überzeugung der Führung und der Mitarbeiter hat einen großen Einfluss auf die täglichen Handlungsabläufe und kann so zum Erreichen der gemeinsamen Ziele beitragen (Walker et. al., 2017, S. 79). Wenn man bedenkt, dass die Unternehmenskultur etwa 80 Prozent des Unternehmenserfolges ausmacht, setzt Lean Management also wahrscheinlich an den richtigen Stellen an. Wenn aber die "Lean Culture" eben nicht von allen Akteuren durchgeführt wird, also gemeinsame Ziele nicht verfolgt werden, kann ein Lean Managementkonzept nur bedingt durchgeführt werden (Vater, 2008, S. 22, Walker et. al., 2017, S. 80). Das Lean Leadership, also die eigentliche Position der Führung, zeichnet sich, wie schon beschrieben, durch gemeinsame Werte, Ziele und Visionen aus. Da Lean Management eine Veränderung der Management-Philosophie hervorruft, ist es vor allem wichtig, dass die komplette

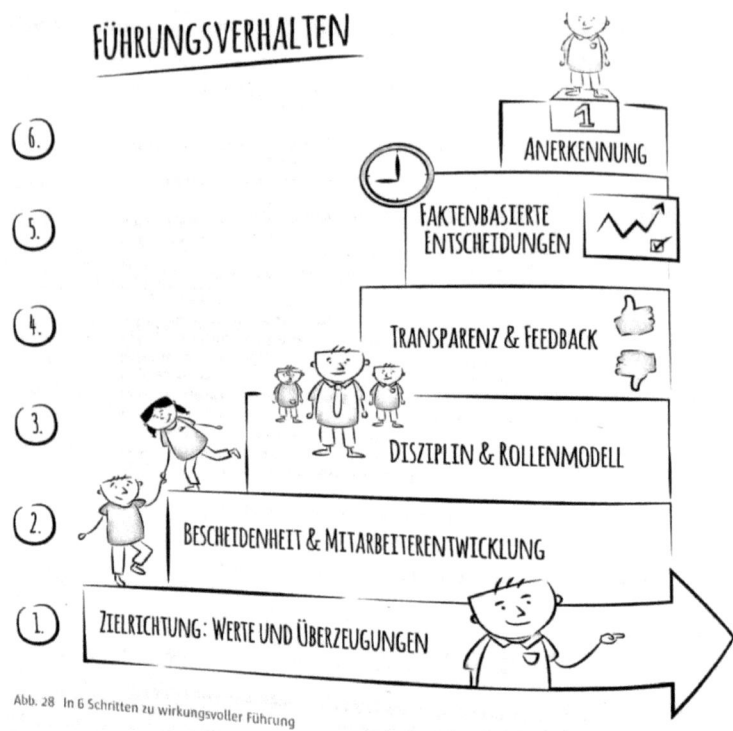

Abbildung 1: In sechs Schritten zu wirkungsvoller Führung
(Walker et. al., 2017, S. 8)

Führungsebenen egal welchen Bereiches miteinbezogen werden. So darf im Kontext des Lean Hospitals die Veränderung durch Lean nicht nur auf die pflegerische Führung beschränkt sein, sondern muss ebenfalls die ärztliche und die verwaltungstechnische Führung mit einschließen (Vater, 2008, S. 26, Walker et. al, 2017, S. 80/81).

Man kann also sagen, dass der Führungsstil des Lean Managements sich auf sechs wesentliche Punkte stützt (siehe Abb. 2). Als erster Punkt ist zu nennen, dass das eigentliche Ziel welches verfolgt wird, mit der starken Vertretung dessen Werte und der Überzeugung, dass dieses Ziel zum Erfolg des Unternehmens führen kann. Dabei widerlegt die Führungsperson alle Zweifel und Phänomene mit klaren Fakten und lebt eine offene Fehlerkultur. Die Führungsperson zeigt auf, welche Fehler welche Folgen haben und bringt alle Akteure zusammen, um die Fehlerquellen zu evaluieren und eine gemeinsame und zielbringende Lösung zu entwickeln. Als zweites wird die Mitarbeiterentwicklung und der ressourcenorientierte Einsatz der Mitarbeiter genannt. Hier ist es Aufgabe der Führungsperson die Mitarbeiter zu trainieren und an einer stetigen Verbesserung der Problemlösungskompetenzen der Mitarbeiter zu arbeiten. Dies vermag viel Zeit in Anspruch zu nehmen, dabei kommt 'Leader Standard Work' zur Geltung. Darunter versteht man die Standardisierung von Führungs- und Prozessabläufen, denn es ist sinnvoll Standards für Problemlösungen zu erstellen. Mitarbeiter lernen über Standards häufig schneller, als über Problemlösungen ohne einen Standard. Dr. Med. Katharina Rüther-Wolf (2017, S. 83), schrieb: "Die sinnvolle Standardisierung gibt den Freiraum, den wir brauchen für die komplexen und außergewöhnlichen Fälle, die viel Flexibilität verlangen". Als drittes ist zu verstehen, dass die Führungsperson unter permanenter Beobachtung der Mitarbeiter steht. Dies bedeutet, dass das Verhalten der Führungsperson sich auf das Verhalten der Mitarbeiter auswirkt. Sie kopieren das Verhalten und somit ist es wichtig, die nötige Disziplin und eine gute Unternehmenskultur mit einer Vision vorzuleben. Dabei ist es nicht schlimm, dass die Führungsperson Fehler macht; wichtig ist nur, diese Fehler einzugestehen und an einer Lösung zu arbeiten. Als viertes: Ein regelmäßiges Feedback und klare Transparenz gegenüber den Mitarbeitern, denn Mitarbeiter schätzen eine offene und transparente Unternehmenskultur. Als Führungsperson ist es somit wichtig Qualität zu verlangen aber eben auch Fehler zu erlauben und diese Fehler dann offen zu besprechen und Lösungen zu entwickeln. Effektive Führung soll es den Mitarbeiter einfach machen das Richtige zu tun. Klare Zielsetzungen und ein regelmäßiges Feedback sind hierbei genauso wichtig, wie die Mitarbeiter in ihrer Entwicklung und ihrer Fehlerkultur zu unterstützen. Als fünftes kommt es zu der Darlegung von gemessenen Ergebnissen und weiterer Entscheidungsfindungen. Als Führungskraft ist es wichtig, sich auf tatsächlich gemessen Fakten zu berufen, die aussagekräftig sind. Denn dadurch kann klar aufgezeigt werden, wo das Unternehmen steht und was verbessert werden muss, um bei der nächsten Messung ein besseres Ergebnis zu erzielen. Mittels aussagekräftiger Fakten können auftretende Phänomene beseitigt werden.

Der sechste und letzte Punkt ist die Anerkennung gegenüber allen Mitarbeitern. Wenn Ziele erreicht wurden, ist es enorm wichtig den Mitarbeitern zu danken, ihnen Anerkennung entgegenzubringen und ein positives Feedback zu geben. Denn nur durch Wertschätzung, Belohnung und Anerkennung, können Mitarbeiter besser und effizienter arbeiten und erkennen einen Sinn in ihrer täglichen Arbeit. Wenn man diese sechs Schritte einhält, ist es möglich, ein starkes Team zu entwickeln, auf das man sich verlassen kann. Davon profitieren sowohl Patienten, als auch Mitarbeiter und Führungspersonen (Walker et. al, 2017, S. 81-86).

4.4 Grundlagen des Lean Hospital

Laut Walker et. al (2015, S. 2-3) ist Lean Hospital ein Konzept was im Krankenhausumfeld oft auf Skepsis stößt. Manche vermuten dahinter ein unzureichend getarntes Sparprogramm. Andere kritisieren, dass die Lean Strategie nur in der Industrie, wie beispielsweise bei dem Automobilhersteller Toyota, anwendbar ist, jedoch nicht auf den individuellen Umgang mit Menschen. Laut Walker et. al trifft davon nichts zu, denn Lean Hospital stellt den Patienten, seine Angehörigen und alle Mitarbeiter in den Mittelpunkt. Alle Prozesse werden für die Patienten und die Mitarbeiter optimiert, das beruhigt den Alltag in der Klinik, es kommt zu weniger Stress und führt dazu, dass die Fehlerrate sinkt. Nach Gottschalk (2018, S. 1) ist Lean Hospital in der Lage eine Krankenhausorganisation in Bewegung zu versetzen. Nach Walker et. al (2015, S. 2-3) geht es bei Lean Hospital nicht darum durch Prozessoptimierung Geld einzusparen, sondern durch Prozessoptimierung die Qualität in der Patientenversorgung zu verbessern und den Mitarbeitern bessere Arbeitsbedingungen zu bieten. Positiver Nebeneffekt laut Walker et. al sei, dass nebenbei die Produktivität steige, und das sei eine willkommene Zugabe. Gottschalk (2018, S. 1) ist der Meinung: "Um zu wissen, wo eine Schubkarre quietscht, muss man sie schieben".

Lean ist eine vielversprechende Antwort auf Herausforderungen, mit denen sich die meisten Einrichtungen im Gesundheitswesen konfrontiert sehen. Die vier wichtigsten davon seien nach Walker et. al (2015, S. 4) „Medizin als System, Patientensicherheit, Kundenerwartungen und Wirtschaftlichkeit.

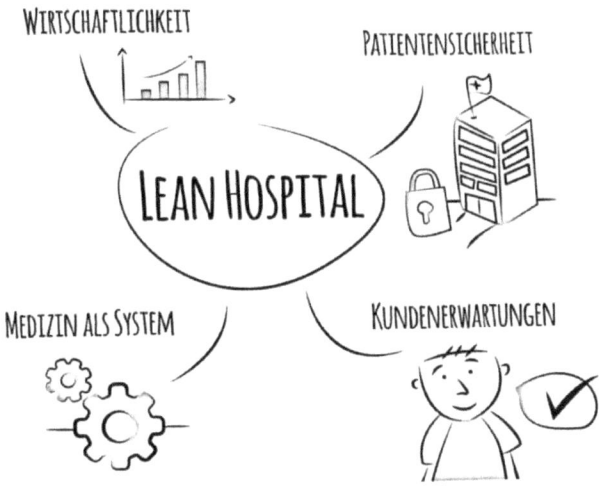

Abbildung 2: Bereiche der Implementierung
(Walker et. al, 2015, S. 5)

4.4.1 Die Bereiche der Implementierung:

Laut Walker et. al (2015, S. 5-9) konzentriert sich die Implementierung von Lean Hospital im Wesentlichen auf vier Wirkungsbereiche im Krankenhaus. Angefangen mit dem immer komplexer werdenden Thema "Medizin als System", über den Faktor der "Patientensicherheit", über das Thema der "Kundenerwartung", bis hin zur "Wirtschaftlichkeit" eines Klinikums. Dieser Ansatz vom Walker et. al in die Unterteilung dieser vier Bereiche findet häufig Anwendung bei der Implementierung von Lean Hospital. Gottschalk (2018, S. 5 ff.) erwähnt in seinem Buch dieselben Bereiche der Implementierung, benennt diese allerdings anders. So nennt Walker et. al einen Bereich "Kundenerwartung"(2015, S. 5-9) ", während Gottschalk denselben Bereich (2018, S. g ff.) "Der Kunde ist König" nennt. (2018, S. g ff.)

Die folgende Aufzählung orientiert sich an dem Modell von Walker et. al (2015, S 5-9).

4.4.2 Medizin als System

Angefangen mit dem Thema "Medizin als System", denn viele der neuen diagnostischen und therapeutischen Verfahren setzen ein hochentwickeltes Zusammenspiel verschiedener Komponenten von Wissen, Technologien, Prozessen und Infrastruktur voraus. Experten verschiedener Berufsgruppen und Disziplinen müssen zusammenwirken, um diese Verfahren erfolgreich einzusetzen. Eine wichtige Grundlage für eine Systemleistung ist Standardisierung. Sie hilft dabei Komplexität zu reduzieren. Gottschalk (2018, S. 7) nennt dies "Die zweite Revolution - Prozessarbeit". Jede Organisation solle dabei ihre Prozesse nachhaltig verbessern und nicht notwendige Ressourcennutzung vermeiden. Walker et. al (2015, S. 5-9) zufolge sind ohne Standardisierung ständige Absprachen erforderlich, für Dinge, die im Grunde genommen klar seien. Das alles bedingt einen großen kulturellen Wandel.

Eine hochentwickelte Systemleistung zeichnet sich durch drei Merkmale aus:

- Leistungen sind auf Wertschöpfung beim Patienten ausgerichtet. Der Patient kommt immer zuerst und er bekommt immer das was er akut benötigt. Denn eine Systemleistung ist nur dann gut und wirtschaftlich, wenn nicht alle dasselbe bekommen.

- Mitarbeiter arbeiten strukturiert zusammen. Sie sind ein Team und es ist alles aufeinander abgestimmt. Möglichst alle Leistungen sind standardisiert. Es werden Behandlungspfade, Prozesse, Materialien, Medikamente, etc. standardisiert. Dieser Vorgang stößt gerade bei Spezialisten oft auf hartnäckigen Widerstand, ist aber als erster Schritt unausweichlich.

- Die Qualität ist in die Prozesse integriert. Jede Leistung wird einzeln und möglichst beim Patienten geprüft. Durch diesen Ansatz wird es viel einfacher, Qualitätsmängel zu erkennen und zu beheben (Walker et. al, 2015, S. 6).

4.4.3 Patientensicherheit

Vielen Patienten ist nicht bewusst, dass das Krankenhaus ein unsicherer Ort ist. Der deutsche Pflegerat kam zu einem besorgniserregenden Schluss: Demnach kam es zu ca. 19.000 Todesfälle durch Behandlungsfehler in deutschen Kliniken, dazu kommt es bei 900.000 Menschen pro Jahr zu einer Krankenhausinfektion, sogenannte nosokomiale Infektionen. Die Studie geht davon aus, dass etwa ein Drittel der Infektionen vermeidbar seien (Klauber, Geraedts, Friedrich und Wasem, 2013, S. n. B.).

Durch Standardisierung der Kommunikation kann die Fehlerrate reduziert werden. Dieses Problem ist seit Jahren bekannt. Der Widerstand daran zu arbeiten ist allerdings groß. Einige Experten wehren sich gegen Standardisierungen. Sie wollen in jedem Einzelfall ein einiges Vorgehensmodell entwickeln. Nach Walker et. al

(2015, S. 7) ist dieses Vorgehen nicht notwendig und nicht sicher, denn Fehler verursachen nicht nur Leiden und Stress, sondern auch Kosten. Laut Jäggi & Bischof (2015, S. 2) hat das Lean Hospital direkte Auswirkungen auf die Patientensicherheit. Er nennt das Virginia Mason Medical Center, welches durch die konsequente Umsetzung von Lean Hospital, zum US Krankenhaus mit der höchsten Patientensicherheit gekürt wurde. Walker et. al (2015, S. 7.) schrieb, dass durch Fehler nicht nur Patienten geschädigt würden, sondern auch Mitarbeiter. Viele Mitarbeiter im Gesundheitswesen verließen aufgrund von Burnout ihren Beruf. Die Mängel im Krankenhaus gehen selten an den Beteiligten vorbei; sie haben sich zwar über die Jahre daran gewöhnt, leiden jedoch jeden Tag darunter. Laut Experten hat jedes Krankenhaus eine 'Defektrate' von ca. zwei bis drei Prozent. Dies bedeutet, dass von 100 Patienten zwei bis drei während des Krankenhausaufenthaltes geschädigt werden. Umgerechnet auf einen Flug mit einer Boeing 747 bedeutet, dass nach einer Landung 12 Passagiere gesundheitlich geschädigt wären und mindestens ein Passagier pro Flug nicht überleben würde. Im Ergebnis bedeutet das, dass eine Klinik der Maximalversorgung so viele Fehler mache, dass dies jedes Jahr einem Absturz einer vollbesetzten Boeing 747 gleich kämet. Das Krankenhaus ist ohne Zweifel, kein sicherer Ort. In der produzierenden Industrie gehen Unternehmen zugrunde, wenn ihre Defektrate größer als 0,5% ist. Krankenhäuser erlauben sich da wesentlich mehr (Walker et. al, 2015, S. 7+8).

4.4.4 Kundenerwartung

Nach Walker et. al (2015, S. 8) machen Krankenhäuser gerne Ausnahmeregeln was den Kundenbegriff angeht. Sie verfolgen dabei verschiedene Argumentationslinien, die allesamt nicht überzeugen können. Patienten seien keine Kunden, da sie hilfsbedürftig und deshalb emotional eingeschränkt sind. Gottschalk (2018, S. 10) schreibt, dass der Zweck eines Krankenhauses darin besteht die Erwartungen seiner Patienten zu erfüllen, alles was diesen Nutzen erhöht, trägt zum Erfolg bei. Was nicht dazu beiträgt, ist überflüssig. Es dürfe keinen Zweifel daran bestehen, dass in letzter Konsequenz immer der Kunde den Maßstab für das Handeln setze. Walker et. al (2015, S. 8) zufolge, liegt der Verdacht nahe, dass es bequemer sei, den Patienten nicht als Kunden zu betrachten. Wenn der Patient kein Kunde ist, darf man ihn warten lassen und er braucht auch nicht zu wissen was alles schief gegangen sei. Die Einstellung, dass Patienten von den Fehlern nichts erfahren dürfen ist weit verbreitet. Patienten sind kritischer eingestellt als noch vor einigen Jahren. Worauf sie in jedem Fall Anspruch haben ist Aufrichtigkeit.

4.4.5 Wirtschaftlichkeit

Die Verantwortlichen im Gesundheitswesen haben sich die letzten Jahre nur um die Wirtschaftlichkeit gekümmert, so Walker et. al (2015, S. 8). Gemäß Kübler (2017, S. 796) waren Medizin und Ökonomie schon immer bestimmende Faktoren im Krankenhausbereich. Die Zeiten der karitativen und kommunalen Defizitübernahmen sei vorbei. Walker et. al (2015, S 8) schreibt früher wurde fast jede Leistung einzeln abgerechnet. Geld spielte keine Rolle, auch wenn die öffentliche Debatte anders verlief. Das Gesundheitswesen gab sogar Anreize, besonders teuer zu sein. Teilweise bestehen bestimmte Anreize auch heute nach Einführung der DRGs noch. Während der Finanzkrise 2008 erhielt das Thema Kostenentwicklung eine neue Dimension. Krankenhäuser sind auf einmal angehalten, Margen zu erzielen. Gemäß Ockert (2017 S. 460) steht die Wirtschaftlichkeit im Lean Hospital keineswegs im Gegensatz zu der Tatsache dem Patienten eine bestmöglich wirksame Behandlung anzubieten. Laut Walker et. al (2015, S. 8-9) wird bis heute darüber diskutiert, ob Kliniken Gewinne anstreben dürften. Das Konzept des Lean Hospitals sieht vor, dass in Kliniken Gewinne angestrebt werden, Walker et. al (2015, S. 8-9) stellt die Fragen in den Raum, wie ohne Gewinne Kliniken Investitionen tätigen sollen?

5 Die Methoden des Lean Management im Krankenhaus "Lean Hospital"

5.1 Muda

Laut Taiichi Ohno werden unter Verschwendung (jap. Muda) allgemein die überflüssigen Aktivitäten verstanden, die nicht werthaltig bzw. wertschöpfend sind. Wird eine Aufgabe ausgeführt, die nicht zu den wertschöpfenden Kernaufgaben gehört, kommt es zu Verschwendung. Das bedeutet, die Verschwendung tritt immer dann auf, wenn man nicht-wertschöpfenden Beschäftigungen nachgeht (Schröder & Tomanek, 2015, S. 17). Eine Denkweise, die sich in Amerika und Europa schnell durchsetzte, war die Eliminierung dieser „sinnlosen" Verschwendungen, welche direkt in einen Geldwert übersetzt werden kann. In der Klinik muss eine Tätigkeit wertschöpfend sein, dass bedeutet in dem Fall, die Tätigkeit muss dem Patienten zugutekommen, z. B. durch Behandlungen oder Diagnosestellungen. Zusätzlich gibt es nicht wertschöpfende Tätigkeiten, welche notwendig sind, jedoch auf ein Minimum reduziert werden müssen, z. B. administratives oder das Rechnungswesen. Als dritten Punkt gibt es die "sinnlosen Verschwendungen" welche dem Patienten nicht zugutekommen. Ein gutes Beispiel ist die Überdokumentation oder Wartezeiten. In der Industrie werden im Zusammenhang mit dem Begriff 'Muda' sieben Verschwendungen im Produktionsprozess ausgemacht, diese werden im Folgenden am Beispiel von Kliniken beschrieben:

- Überproduktion (z.B. Überplanung des OPs oder zu hohe Besetzung bei mangelhafter Auslastung)
- überflüssige Bewegung (Bewegungen von Hilfsmitteln oder Fehlenden Materialien zwischen den Stationen)
- Wartezeiten (sowohl aus Patientensicht bei Untersuchungen, als auch aus Mitarbeitersicht beim Warten auf die Akte)
- Transporte (teure Transporte die von Pflegepersonal durchgeführt werden oder unnötige Transporte)
- Überbearbeitung (fehlerhafte Dokumentation, fehlende Prozesse, Unsicherheiten)
- hohe Materialbestände (Überbestellung von Verbrauchsmaterialien)
- Nacharbeit (Drehtür-Effekt bei Wiederaufnahmen durch vorzeitige Entlassung)

Durch die Beseitigung oder Minimierung dieser sieben Punkte der Verschwendung lassen sich Organisationen, die die Wirtschaftlichkeit an oberste Stelle setzen vom Lean Management überzeugen. Langfristig gesehen ist die ausschließliche Konzentration auf die sieben Verschwendungen nicht ausreichend für eine erfolgreiche Implementierung. Die sieben sinnlosen Verschwendungen sind dabei nicht unabhängig voneinander, sondern werden häufig ineinander umgewandelt. Aus diesem Grund muss bei der Eliminierung der 'sinnlosen' Verschwendung darauf geachtet werden, dass nicht eine Verschwendung in eine andere umgewandelt wird, sondern dass alle sieben Verschwendungen gleichzeitig bekämpft werden. Das Fließ- und Ziehprinzip im TPS (Toyota Production System), die Säule Just-in-Time, ist eine grundsätzliche Gestaltungsregel, die zur Bekämpfung von Verschwendung eingesetzt werden kann (Dohne & Müssig, 2013, S. 10-12).

5.2 Gemba Walk / Shopfloor

Der Großteil der wertschöpfenden Aktivitäten findet am Patienten statt. Das Dilemma: Die Ansprüche an die Qualität sind hoch, während gleichzeitig niedrige Durchlauf - und Wartezeiten erwartet und ein hohes Maß an Flexibilität vorausgesetzt werden. Umso verwunderlicher ist es, dass Entscheidungen zur Führung und Steuerung der Versorgung, sowie zur Realisierung von Verbesserungen im Versorgungsprozess und der Versorgungsumgebung häufig fernab der Wertschöpfung in Besprechungszimmern getroffen werden. Beim Gemba konzentriert sich das Steuern und Lenken von Aktivitäten auf den Shopfloor, also den Ort der Wertschöpfung. Es geht nicht um die Verlagerung von Besprechungen auf die Stationen einer Klinik oder darum mehr Verantwortung auf die Stationen zu verlagern (Meurer, 2015, S. 1-2).

"Go to gemba" heißt in der Klinik, die Manager gehen an das Bett. Der Gedanke von Gemba unterstreicht die Notwendigkeit, dass sich das Management mit der Produktionsebene (im Englischen 'Shopfloor', im Japanischen 'gemba') aktiv auseinandersetzen muss. Japaner kritisieren an westlichen Unternehmen, dass ihr Management in der Regel die niedrigeren Hierarchieebenen nicht kennen und damit nur auf theoretischer Basis führen würde. Das Gemba Prinzip verlangt Führungskräfte, die Management 'by walking around' betreiben. Dazu gehört auch, dass Manager zum Beispiel ihre Mitarbeiter nicht durch Dritte, also Berater, weiterbilden lassen, sondern diese selbst ausbilden. Das Management soll schließlich nicht mehr sagen was gemacht werden soll (push), sondern fragen die Mitarbeiter fragen, was gemacht werden soll (pull) (Rüd, 2010, S. 36-37).

Gemba vereinigt die notwendigen Kompetenzen, die zum Erreichen einer Leistungssteigerung notwendig sind. Doch das gelingt nur durch eine Zusammenarbeit von Management und Mitarbeitern – und das am Patienten. Die Führung ist dafür verantwortlich, dass die Mitarbeiter qualifiziert werden, informiert und motiviert sind. Dadurch integrieren die Mitarbeiter in der Klinik das Streben nach kontinuierlicher Verbesserung in ihren Alltag. Ziel ist die Erhöhung der Fähigkeit zu selbstgesteuerten Prozessverbesserungen. Hierbei werden sie durch ihre Führungskräfte begleitet und unterstützt. Folgende Fragen stehen während des Gemba Walk im Vordergrund: Wie ist der Zielzustand? Was passiert gerade wirklich? Wie kommen Abweichungen zustande?

Bereits durch das Huddle Board, eine standardisierte Schichtübergabe und den Gemba Walk werden deutliche Verbesserungen erreicht. Gleichzeitig werden alle Beteiligten für die Notwendigkeit von Veränderungen sensibilisiert. Für eine konsequente Steigerung der Leistungsfähigkeit reicht das aber nicht aus. Was fehlt ist eine systematische Vorgehensweise, Abweichungen und Probleme zu beseitigen und Verbesserungen als Routine zu begreifen. Ziel muss sein, einen kontinuierlichen Verbesserungsprozess durch die Einführung eines "Kaizen Boards" und "Kaizen Meetings" in der Organisation zu verankern (Meurer, 2015, S. 1-2).

5.3 Wertstromanalyse

Um den Patientenversorgung und Informationsfluss im Unternehmen nachvollziehen zu können, ist die Anwendung der Wertstromanalyse von Vorteil. Benötigt wird Eigeninitiative, den Weg des Patienten rückwärts, von der Kundenauslieferung des Produktes bis zum Wareneingang des Rohmaterials abzulaufen. Erstellt wird mithilfe von Wertstromwerkzeugen eine Visualisierung jedes Vorganges in der Behandlung. Diese zustande kommende Abbildung wird IST – Zustand genannt. Anhand des IST – Zustandes können Fehler und Verschwendungen erkannt werden. Mit Hilfe der Erstellung einer Abbildung eines SOLL – Zustandes, können die einzelnen Prozesse optimiert werden, damit ein durchgehender Fluss von der Patientenversorgung und Informationen entsteht, sowie deren Zusammenhänge erkannt werden können. Gemäß Gram (2011, S. 41) ist die Wertstromanalyse eine hervorragende Methode um Verbesserungspotentiale ganzheitlich innerhalb der Produktion aufzudecken. Nach Hugelmann (2017, S. 6) ist das Ziel der Wertstromanalyse, einen Fluss zu erschaffen, der eine geringe Durchlaufzeit aufweist. Das Klinikum sollte einen Wertstrommanager einstellen, welcher rein für die Optimierung des Flusses zuständig ist. Der Wertstrommanager ist wichtig, damit die

Produktion als Ganzes gesehen wird und nicht jeder Bereich für sich versucht zu optimieren. Ziel ist es später im Wertstromdesign, die Zykluszeit an den Kundentakt anzugleichen. Im gleichen Zug kann nach der Messung aller Zykluszeiten die Anzahl der Mitarbeiter berechnet werden, die für die jeweilige Schicht benötigt werden. Alle Zykluszeiten werden summiert und anschließend durch den Kundendurchlauf geteilt. Das Ergebnis dient als Vergleichsbasis zur aktuellen Mitarbeiterzahl und gibt an ob zu viele oder zu wenige Mitarbeiter angestellt sind. Durch die Betrachtung der Taktzeit entstehen erhebliche Vorteile für die Versorgung. Gemäß Rittiner & Haller (2011, S. 70) ist der kontinuierliche Verbesserungsprozess in die Wertstromanalyse zu implementieren, um eine stetige Überprüfung zu gewährleisten. Nach Hugelmann, 2017, S. 6) werden die Prozesse in Balance gebracht, es entstehen zum einen keine unnötigen Wartezeiten und zum anderen wird die Durchlaufzeit verbessert. Das Erstellen eines SOLL-Zustandes gestaltet sich oft schwerer, als die Ermittlung des IST-Zustandes. Während hier nur das Gesehene skizziert wird, versucht man beim SOLL-Zustand die Zukunft darzustellen. Wichtig ist es, hierbei aus dem zuvor erstellten IST-Zustand, die Verschwendungen zu erkennen und deren Ursachen zu eliminieren, um einen durchgehenden Fluss zu erschaffen, der anschließend in der Produktion umgesetzt werden kann.

5.4 Kaizen

Kaizen lässt sich aus dem japanischen übersetzen als Ersatz (Kai) des Guten (Zen) durch das Bessere". Das Kaizen Board ist elementar im Lean Hospital. Bei dem Verbesserungsprozess des Kaizens geht es nicht nur um eine Produktverbesserung, sondern um eine Verbesserung sämtlicher Vorgänge. An denen jeder Mitarbeiter mitwirken kann, so erfolgt eine aktive Einbindung und Partizipation der Mitarbeiter an das Unternehmen. Diese Methode wurde 1898 durch Eastman Kodak als Schritt des betrieblichen Vorschlagswesens eingeführt. Das Prinzip der kleinen Schritte in der kontinuierlichen Durchführung zählt zu den zentralen Elementen des Lean Managements. Die systematische Vorgehensweise zur ständigen Verbesserung wurde in den 50er Jahren in Form des PDCA-Zyklus wieder aufgegriffen (Schwickert, Ostheimer, Ergolu, 2011, S. 4-5, Puliafito, Scher, Radnic und Borradori, 2014, S. 120).

Laut Walker et. al (2015, S. 25) erhöht sich das Engagement der Mitarbeitenden, wenn sie erkennen, dass ihre Ideen gefragt sind und unmittelbar umgesetzt werden. Hier sind Geschwindigkeit und Transparenz gefragt. Ein bewährtes Mittel ist das "Kaizen-Board". Auf dieser Tafel wird sichtbar gemacht, welche Verbesserungsideen vorhanden sind und in welchem Stadium der Umsetzung sich diese befinden. Die Stadien sind in der Regel in vier Schritte unterteilt: Ideeneingang, Bearbeitung, in der Umsetzung, umgesetzt. Wöchentlich wird der Fortschritt an der Kaizen Tafel besprochen. Es wird diskutiert, weshalb gewisse Ideen nicht vorankommen und neue Vorschläge besprochen. Das hält den Prozess am Leben und motiviert.

Abbildung 3: Das Kaizen Board
(Walker et. al, 2015, S. 26)

5.5 Heijunka

Heijunka, eine Zusammensetzung aus den japanischen Wörtern „HEI" mit der Bedeutung „plan, eben" und „JUN" für „halb, semi-" bedeutet im Allgemeinen, wie im technischen Sinne „etwas einebnen, nivellieren". Im Falle der Abläufe in Produktion, Logistik oder Administration heißt das: Die vom Markt kommenden, in Volumen und Varianz extrem schwankenden Kundenwünsche, so zu organisieren und zu steuern, dass die Umsetzung in einem nahezu regelmäßigen Rhythmus erfolgen kann. Nach Civan (Jg. n. B., S. 33) ist die gängigste Umschreibung für das Wort "Heijunka" das Wort "glätten". Nach Franke (2013, S. 6) sorgt der Takt für sparsamen Ressourceneinsatz, Fehler durch Hektik und ungleiche Abläufe werden vermieden und Abläufe werden transparent und leichter steuerbar. Die wesentlich teurere Alternative wäre das Vorhalten von Beständen, um auf die stark schwankenden Bedarfe reagieren zu können.

Bettenstationen arbeiten in der Regel nach einem Tagesablauf, welcher mehreren Berufsgruppen gerecht zu werden versucht. In der Folge gibt es Hochdruckphasen und Phasen in denen deutlich mehr Luft ist. Sobald die ersten Elemente von Lean implementiert seien, so Walker et. al (2017, S. 74), sei es einfacher die Belastung besser auf den ganzen Tag zu verteilen. Um ein Optimum dieser Verteilung zu erreichen, sollte ein standardisierter Tagesablauf mit allen Berufsgruppen auf einer Station vereinbart werden. Wenn Behandlungsteams überlastet sind, können sie dieses durch, zum Beispiel, die oben genannten "Fähnchen" an die anderen Berufsgruppen signalisieren. Haben andere Behandlungsteam zur gleichen Zeit eine geringe Belastung, können diese das andere Behandlungsteam unterstützen.

5.6 5S Methode

Laut Kemptner (2014, S. 38-38) stehen die japanischen Begriffe Seiri, Seiton, Seiso, Seiketsu und Shitsuke für Sortieren, Ordnung schaffen, Sauberkeit, Standardisierung und Nachhaltigkeit und bilden zusammen die LM-Methode-5S. Danach soll ein Arbeitsplatz oder Arbeitsbereich so gestaltet sein, dass dessen Beschaffenheit und Struktur schnelle und präzise Arbeit ermöglichen. Nach Thiele (2017, S. 15) kann erst weiterführende Qualität erzeugt werden, wenn alle Mitarbeiter eines Betriebes nach dem 5S Prinzip arbeiten. Gemäß Kemptner (2014, S. 38-39) wirkt sich die Einführung von 5S positiv auf die Produktivität, den benötigten Platz, die Fehlerquote und die Durchlaufzeit sowie die Unfallhäufigkeit aus. Es stellt eine Form der Standardisierung des Arbeitsplatzes dar und ist damit eine wichtige Grundlage für den KVP. Nach Taurim (2014, S. 12) schließt das 5S Prinzip nicht nur alle analogen Arbeitsplätze ein, sondern auch die Ordnung der EDV Strukturen.

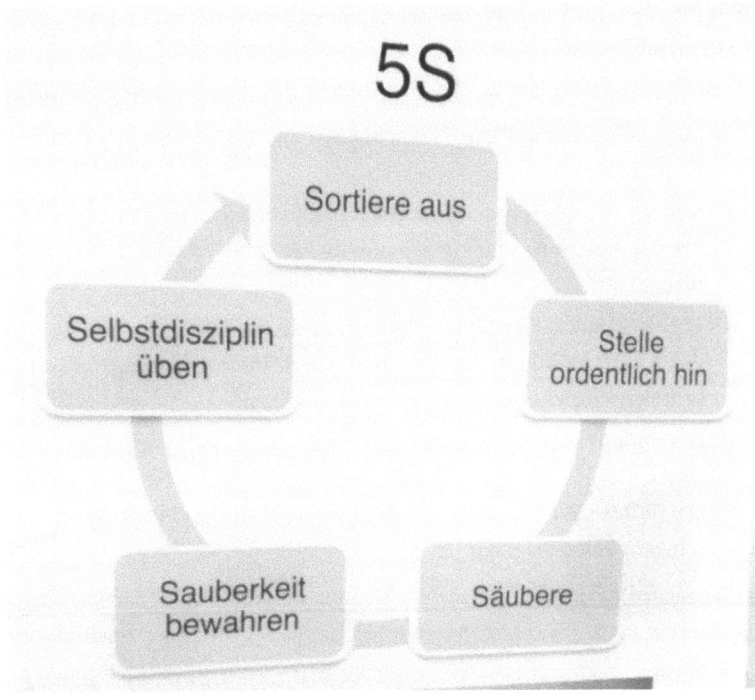

Abbildung 4: Poster der 5S-Methode
(Boche, 2017)

5.7 Pull-Prinzip

Laut Günthner, Durchholz, Klenk und Beppert (2013, S. 13) dient das Pull-Prinzip dazu, dass jede Tätigkeit dem Erreichen des Kundenwertes dient. Ziehende Prinzipien setzen diesen Gedanken konsequent um, in dem sie genau den Bedarf des Kunden decken. Nach Bär & Pruschert (2014, S. 34-36) ist das Ziel die Fokussierung auf den Patienten. Durch einen Patientenzugang wird der Prozess ausgelöst. Dieser Ablauf wird als Pull-Prinzip bezeichnet und steht im Gegensatz zur Variante der maximalen Auslastung z. B. einer Notaufnahme oder Bettenstation (Push-Prinzip).

Bär & Puschert (2014, S. 34-36) nennen auch einige Nachteile des Push-Prinzips und Kritikpunkte:

- Lange Wartezeiten: Hohe Anzahl an behandlungsbedürftigen Patienten führen zu großen Warteräumlichkeiten und gestressten Mitarbeitern und Patienten.
- Schlechter Lieferservicegrad: Aufgrund mangelhafter Planungen führen in der Folge nicht rechtzeitig behandelte Patienten zu schlechten Servicegraden.
- Eingeschränkte Flexibilität: Üblicherweise wird der Behandlungsprozess von A bis Z detailliert durchgeplant. Kurzfristige Änderungen sind in diesem Verfahren nur schwer zu berücksichtigen.
- Fehlende Transparenz: Letztendlich führen Behandlungsprozess mit mehreren einzelnen teilweise auch identischen Teilschritten zu einem komplexen Gebilde. Zusammenhänge der Einzelschritte sind vor Ort wiederum schwer nachvollziehbar.

Im Gegensatz zu dem Pull-Prinzip, zeichnet sich das Push-Prinzip dadruch aus, dass erst ein Bedarf vorhanden sein muss, damit der Prozess ausgelöst wird.

Als Beispiel zur Steuerung im Produktionsablauf kann als Pull-Prinzip die Methode „Kanban" angeführt werden. Kanban basiert auf dem Verfahren, dass der Prozessvorgang automatisch ausgelöst wird, sobald ein Bedarf entsteht. Dieses Verfahren ähnelt auch einem Supermarkt. Der Begriff Supermarkt taucht in diesem Zusammenhang auch als Synonym für Kanban auf. Kanban durchzieht den kompletten Produktionsprozess. Pflegekräfte und Ärzte werden durch den zu behandelnden Patienten beim Zugang angefordert und stehen zum idealen Zeitpunkt zur Verfügung. Neben den angeführten positiven Aspekten des Pull-Prinzips existiert ebenfalls eine Kehrseite. Punkte, die bei fehlender Beachtung zu erheblichen Nachteilen führen können, sind:

- Auslastungsschwankungen: Starke Schwankungen z. B. von behandlungsbedürftigen Patienten in der Notaufnahme.
- Ressourcenengpässe: Erst durch den auftretenden Kundenbedarf werden die benötigten Ressourcen planbar. Folglich kann es bei einem unvorhergesehenen hohen Bedarf zu Problemen bei den vorhandenen Ressourcen kommen.

- Überkapazitäten: Um für alle Fälle gewappnet zu sein, werden Überkapazitäten vorgehalten, so dass ein eventueller Spitzenbedarf gehandhabt werden kann.
- Höhere Kosten: Durch eine zunehmende direkte und zeitnahe Behandlung des Patienten können regionale und zeitliche Bündelungen nicht umgesetzt werden. Prozesse basierend auf dem Pull-Prinzip können gemäß den individuellen Anforderungen des Kunden angepasst werden (Bär & Pruschert, 2014, S. 34-36).

5.8 Fluss-Prinzip

Ein weiterer Schritt stellt die Umsetzung des Fluss-Prinzips dar. In diesem Zusammenhang gilt es die einzelnen Teilprozesse so aufeinander abzustimmen, dass ein gleichmäßiger und kontinuierlicher Prozessablauf entsteht, so Bär und Purschert (2014, S. 32-33). Bertagnolli (2018, S. 64) nennt folgendes Beispiel: Zwei Holzfäller haben Brennholz gespalten und wollen dieses einsammeln und anhäufen. Sie sammeln dieses willkürlich ein und stehen sich im Weg, manchmal fallen einige Scheite runter. Beim Flussprinzip würde es wie folgt ablaufen, der eine sammelt das Holz und wirft es zum anderen, dieser wiederum häuft es an. Der Ablauf erfolgt im Takt und ohne Verschwendung. Bär und Purschert (2014, S. 32-33) berichten, die Realität sei jedoch geprägt durch verschiedenste Arten von Puffer oder gar Engpässen, Warteschlangen oder Wartezeiten. Eine Optimierung dieser Prozessschritte erfolgt üblicherweise innerhalb einzelner Bereiche und Abteilungen. Basierend auf den ersten beiden Prinzipien wurde anhand des Kundenwertes der gesamte Wertstrom analysiert. In der Umsetzung des Fluss-Prinzips ist eine Harmonisierung des gesamten Prozesses über interne Grenzen hinweg anzustreben. Des Weiteren kann durch die Reduktion der Verschwendung aufgrund der eingangs beschriebenen Probleme die Effizienz des Gesamtablaufs erhöht werden. Zusätzlich schafft dies die Voraussetzung, den Prozess letztendlich auch mit kleineren Losgrößen ausführen zu können. Im Lean-Management wird diese grundlegende Umstellung auf das Fluss-Prinzip auch als Kaikaku bezeichnet. Kaikaku ist ein japanischer Begriff, der für „Reform" steht. Die wesentlichen Bestandteile des Kaikaku sind: Sukzessive Umstellung auf das Fluss-Prinzip, Einbezug der Mitarbeiter in die Lean-Thematik, Etablierung der Lean-Kultur.

5.9 Perfektion anstreben

Nach Bär & Puschert (2014, S. 36) ist ein wichtiger Punkt im Lean Management das Thema der Weiterführung zur Perfektion. An dieser Stelle wird nochmals deutlich, dass das „Lean Hospital" kein einmaliges Projekt darstellt. Basierend auf einem kontinuierlichen Verbesserungsprozess wird das Optimum angestrebt. Gemäß Bertagnolli (2018, S. 119) bedeutet eine Produktion in Perfektion, keine Fehler zu produzieren oder weiterzugeben. Bertagnolli betont "Es zeugt von Qualität, [...] wenn die Servicequalität den Ansprüchen genügt und es zu keinen Fehlern kommt. Nach Suske (2010, S. 79) wird die Perfektion im Lean Management durch das Kaizen und das Six Sigma angestrebt. Gemäß Bär & Puschert (2014, S. 36) wird dieses durch einen kontinuierlichen Prozess, der in der Regel aus einer Vielzahl kleiner einzelner Schritte besteht, erreicht, indem entsprechende Maßnahmen umgesetzt und Aktivitäten eingeleitet werden. Dies jeweils im Hinblick auf den identifizierten Wertstrom einerseits und dem daraus abgeleiteten Fluss- und Pull-Prinzip andererseits. Eine wichtige Rolle nimmt hier wiederum der einzelne Mitarbeiter ein. Beispielsweise kann durch ein betriebliches Vorschlagswesen wertvolles Potenzial in den kontinuierlichen Verbesserungsprozess einbezogen werden.

6 Der Weg zum Lean Hospital anhand einer Lean Bettenstation

Der erste Schritt zur Lean Bettenstation ist eine Vision des CEO (Chief Executive Officer) und der Krankenhausleitung, gefolgt von der Umsetzung. Die konsequente Umstellung stellt für alle Beteiligten eine große Veränderung dar, die aber bei erfolgreicher Umsetzung einen Grundstein für alle weiteren Veränderungen legt. Ist dieser Grundstein gelegt, kann dies für Patienten- und Mitarbeiter ein Indiz dafür sein, dass anders auch manchmal besser sein kann. Die Lean Management-Philosophie als Organisation zu leben und zu verfolgen erfordert eine grundlegende Umstellung der Unternehmenskultur, dabei erscheint es sinnvoll die Wirksamkeit von Lean Hospital anhand von Lean Bettenstation selbst zu erleben und diese als Modellzelle, also als Pilotprojekt zu nutzen. Die Modellzelle ist ein Beweis dafür, ob eine Lean Bettenstation das versprochene Outcome liefert oder nicht. Die Umsetzung einer Modellzelle bedeutet, dass ein Teil des Krankenhauses komplett auf Lean umgestellt wird, was in diesem Fall eine Lean Bettenstation ist. Dies erfolgt nach dem "Kaikaku", also der radikalen Umstellung. Zuerst mit einer Lean Bettenstation zu beginnen ist zum einen vorteilhaft, da diese als abgegrenzter Bereich zu den anderen Stationen der Organisation fungiert und zum anderen besteht so eine bessere Kontrolle der Implementierung gefolgt von der Evaluation der Prozessabläufe (Walker et. al., 2017, S. 119-120, Walker et. al und Kämpfer, 2014, S. 10). Die Modellzelle hat in der Organisation einen hohen Stellenwert, denn diese wird von Befürwortern, wie auch Kritikern genauestens unter die Lupe genommen, weshalb ein hoher Leistungs- und Organisationsdruck entstehen kann. Schlussendlich dient die Modellzelle als ein Nachweis dafür was Lean-Management leisten kann (Walker et. al., 2017, S. 121). Laut Matt (2014, S. 3-4) ist zu beachten, keine überstürzte Planung und Durchführung des Projektes zu vollziehen. Dies kann aufgrund von mangelndem Informationsmanagement zu Widerständen aus den eigenen- und äußeren Reihen führen und das Projekt so in Gefahr bringen. Deshalb ist eine gute Planung das A und O. Zunächst sind drei wesentliche Schritte zu beachten, der erste Schritt sagt aus, Walker (2017, S.121) sagt "Es beginnt mit der Führung", was konkret bedeutet, dass das Führungsverhalten gemäß der Lean Kultur durchgeführt werden muss. Der zweite Schritt ist laut Walker (2017, S.121) "Die Verbesserung zu beweisen", der besagt, dass messbare Ergebnisse erzielt und Transparent gehalten werden sollen. Der dritte Schritt ist laut Walker et. al (2017, S.121), dass "die nachhaltige Transformation nicht von selbst passiert", dies bedeutet zum einen, dass alle an dem Prozess beteiligten Akteure eng zusammenarbeiten und Ergebnisse erzielt werden müssen und zum anderen, dass die baulichen Gegebenheiten gewährleistet sind, genau gesagt, dass die Modellzelle den nötigen Platz für die Veränderung bietet. Wenn die Modellzelle erfolgreich umgesetzt und praktiziert wird, lässt sie sich per 'Rollout' Verfahren, bei welchem das Modell auf andere Bereiche der Organisation übertragen wird, ausweiten (Walker et. al., 2017, S. 121).

6.1 Die sieben Phasen der Konzeptionierung zur Gestaltung einer Modellzelle

Um ein Projekt einer Lean Bettenstation zu realisieren und eine Modellzelle zu erschaffen, sind laut Walker et. al. (2017, S. 122) sieben Phasen notwendig. Auch Weimann (2018, S. 4) nennt sieben Phasen die bei der Transformation zur Modellzelle helfen sollen.

- Phase 1. Voraussetzungen für die Veränderung sorgfältig beurteilen.
- Phase 2. Sehen lernen und Bereitschaft für Veränderung
- Phase 3. Gemeinsam vor Ort Lösungen Entwickeln und testen
- Phase 4. Für neue Lösungen befähigen und Kompetenzen aufbauen
- Phase 5. Während der Veränderung begleiten
- Phase 6. Verbessern und Weiterentwickeln
- Phase 7. Die Modellzelle zum Standard machen.

6.1.1 Phase 1: Voraussetzungen für die Veränderung sorgfältig beurteilen

In der ersten Phase "Voraussetzungen für die Veränderungen sorgfältig beurteilen" ist laut Walker et. al. (2017, S. 123) eine Auseinandersetzung mit folgenden Fragen notwendig:

- Welcher Bereich ist als Modellzelle geeignet?
- Wo soll Lean pilotiert werden?
- In welchem Team befinden sich Pioniere?

Eine engmaschige Auseinandersetzung mit den oben genannten Fragen ist sinnvoll, wenn nicht unabdingbar, denn es muss festgelegt werden, welcher Bereich der Organisation und welches Team die besten Rahmenbedingungen für die Modellzelle bietet. Damit können mögliche Komplikationen und Risiken verringert und die Effektivität der Transformation gesteigert werden (Walker et. al., 2017, S. 121). Weimann (2018, S. 4) bezeichnet diese Phase auch als eine zielgerichtete Wahrnehmung der Außenwelt, die mit den inneren Informationen im Einklang stehen muss. Es ist vor allem wichtig auch die aktuelle Situation nicht aus dem Auge zu verlieren um eine bessere Einschätzung des Umsetzungsprozesses zu gewährleisten. Das "Nemawashi" steht im Japanischen dafür, dass wenn man einen Baum umpflanzen möchte, erst seine Wurzel freilegen muss. Genau darum geht es; den aktuellen Status der Organisation zu erfragen; also den 'Baum' freizulegen. Metaphorisch kann deser anhand von Fragestellungen in drei verschiedenen Phasen identifiziert werden. Als erstes ist die "Kultur & Zusammenarbeit" zu nennen. Hierbei sollte man sich mit folgenden Fragen auseinandersetzen.

- Wie stark ist das aktuelle Teamwork?
- Wie patientenorientiert arbeitet das Team?
- Werden Wünsche und Anregungen von Patienten wahrgenommen und umgesetzt?
- Wird eine offene Fehlerkultur gelebt und werden entstandene Fehler als Chance gesehen eine Verbesserung anzustreben (Walker et. al., 2017, S. 121)?

Als zweites kommt die Phase "Führung & Motivation", hierbei sollte man sich mit den folgenden Fragen beschäftigen.

- Wie ist die aktuelle Führungsstruktur?
- Wie stark wirkt sich die Routine auf die Führung aus?
- Entspricht das aktuelle Führungsverhalten den Lean-Management-Ansätzen?
- Wie nah ist die Führung an den direkten Arbeitsabläufen (Walker et. al., 2017, S. 122)?

Als drittes kommt die Phase "Prozess & Organisation" dabei stellt man folgende Fragen in den Mittelpunkt.

- Ist die aktuelle Betriebssituation stabil?
- Wird nach evidenzbasierten Standards gearbeitet?
- Gibt es klare Ziele für die Mitarbeiter?
- Sind sich die Mitarbeiter darüber bewusst, in welcher Hinsicht sie durch ihr Handeln dem Unternehmen zum Erfolg verhelfen?
- Ist es einfach sich im laufenden Betrieb zu informieren und zu orientieren (Walker et. al., 2017, S. 122)?

Laut Walker et. al. (2017, S. 122), helfen diese Fragen dabei, mögliche Risiken im Transformationsprozess zu identifizieren und den aktuellen Status-Que von Lean abzuschätzen. Dabei sollte genauesten geschaut werden, in welchen Bereichen bereits gute Gegebenheiten herrschen und in welchen Bereich es einen starken Nachholbedarf gibt. Hierbei ist es ratsam, den Bereich mit Nachholbedarf anhand von Trainingseinheiten, die den Patient in den Mittelpunkt stellen, zu Unterstützen und den Bereich somit für Lean zu sensibilisieren (Walker et. al.2017, S. 124, Thiele, 2017, S. 15-16).

6.1.2 Phase 2: Sehen lernen und Bereitschaft für Veränderung

In der Phase 2 "Sehen lernen und Bereitschaft für Veränderung schaffen" geht es darum den Ort des Geschehens in den Mittelpunkt zu stellen. Dies geschieht mit dem schon beschriebenen 'Gemba walk'. Dabei werden durch Analyse vor Ort, wertschöpfende- und nicht wertschöpfende Tätigkeiten identifiziert. Gemba hilft dabei Problem vor Ort zu identifizieren und zu analysieren. Dies geschieht nicht über einen kurzen Zeitraum sondern sogar täglich bis wöchentlich. Die große Herausforderung dabei ist es, nicht nur alle Probleme aus dem vorher routinierten Alltag zu identifizieren, sondern aus diesen die richtigen Konsequenzen zu ziehen und aus ihnen zu lernen (Hahn, Stefan, Abderhalden, Needham, Schulz & Schoppmann, 2012, S. 60, Kuntz & Bazan, 2012, S. 212, Rüd, 2010, S. 36-37, Walker et. al., 2017, S. 128 und Weimann 2018, S. 4). Ebenso wichtig ist es laut Walker et. al. (2017, S. 128), ein tägliches Führungsgemba durchzuführen, dabei begleitet das Führungspersonal den Stationsalltag zusammen mit den Mitarbeitern und steht im engen Austausch. Hierbei steht das Fördern und Coaching der Mitarbeiter im Vordergrund, wodurch eine Verbesserung der Fertigkeiten Probleme zu lösen der einzelnen Mitarbeiter hervorgerufen werden soll. Aus Sicht der Mitarbeiter sollen die Vorgesetzten so positiver und näher Wahrgenommen werden. Tabelle 1 macht deutlich, wie ein Gemba/ Führungsgemba aussieht.

#	Was?	Wie?	Warum?	Zeitbedarf
1.	Programm bestimmen	- Beobachtungsobjekt definieren - Teilnehmer bestimmen	- Ermöglicht effiziente und effektive Beobachtung	5 Min.
2.	Zahlen Analysieren	- 1-2 Schlüsselkennzahlen überprüfen (falls vorhanden) - welche Zahlen sind aussagekräftig?	- Quantifizierung der Beobachtung verbessert die Vergleichbarkeit	10 Min.
3.	Problemlösung/ Verbesserung des Prozesses	- Prozess mit Mitarbeitenden vor Ort durchgehen - Nach Problemen fragen: was kann verbessert werden? Wie?	- Gemeinsames Verständnis der Situation schaffen - Fokussierung auf wesentliche Verbesserung	15 Min.
4.	Mitarbeiteranerkennung	- Bestätigen, dass Alltagsprobleme verstanden wurden - Nachfragen: Bereits gelöste Probleme und Erfahrungen? Was lief optimal und warum?	- Perspektive der Mitarbeitenden auf Vergangenheit verstehen - Wertschätzung erhöht Akzeptanz auf Seiten der Mitarbeitenden	5 Min.
5.	Besprechung Hot Topics	- Was müsste verändert werden? - Wie man es anstreben?	- Denkanstösse und gemeinsame Besprechung erhöhen die Motivation und Befähigung zur Veränderung	15 Min.

#	Was?	Wie?	Warum?	Zeitbedarf
6.	Überprüfung Fortschritt, Definition Aufträge	– Welche Probleme/ Themen sind aktuell in Bearbeitung? – Was erschwert die Lösung/ Umsetzung? Weshalb?	– Kontinuität der Verbesserung sicherstellen – Blockierte Prozesse identifizieren und neu ausrichten	5 Min.
7.	Reflexion	– Wie ist der Besuch angekommen? – Was kann verbessert werden?	– Kontinuierliche Verbesserung	5 Min.

Tabelle 1: Führungsgemba
(Walker et. al. 2017, S. 129)

Eine weitere und mit Gemba gut kombinierbare Methode die Effizienz der täglichen Zusammenarbeit zu identifizieren bietet 'Relation Coordination'. In 'Relation Coordination' geht es darum, dass die verschiedenen Akteure und Arbeitsgruppen ihre gemeinsam abhängigen Aufgaben im Arbeitsalltag bewältigen und die Frage inwieweit diese effektiv zusammenarbeiten. Wie arbeitet beispielsweise das Führungspersonal mit dem Pflegepersonal oder das Pflegepersonal mit den Therapeuten und Ärzten zusammen, oder das Case Management mit dem sozialen Dienst? All das bietet einen großen Raum des Zusammenspiels (Abbildung 5) (Gittel, 2011, S. 3, Walker et. al.2017, S. 130). Es geht dabei also um die Effizienz und die Effizienzsteigerung der Zusammenarbeit des multiprofessionellen Teams, wobei der Patient dem Lean entsprechend im Mittelpunkt steht. Gittel (2011, S. 5) fand dabei heraus, dass 'Relational Coordination' einen großen und vor allem positiven Einfluss auf die Arbeitseffektivität, -qualität und -effizienz hat.

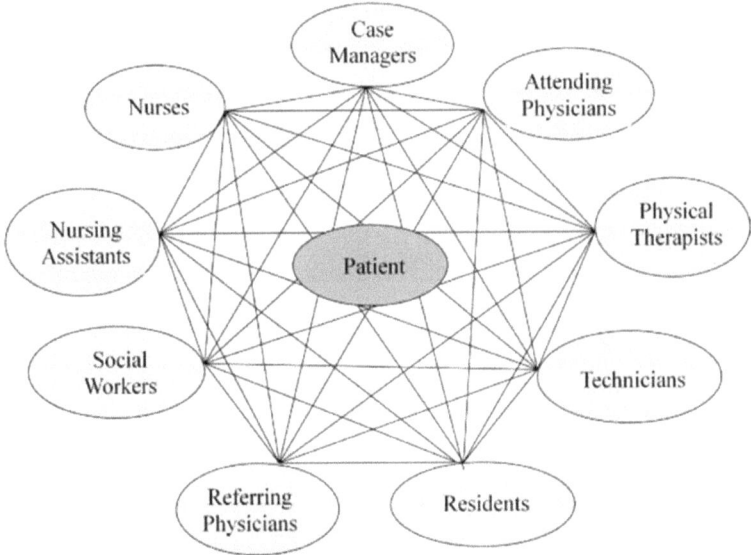

Abbildung 5: Patient im Mittelpunkt
(Gittell, 2011, S. 5)

'Relational Coordination' fügt damit alle gemeinsamen Zielvorstellungen zusammen, die in diesem Fall die optimale Versorgung des Patienten ist. Anhand eines entwickelten Fragebogens, dem 'Relational Coordination Survey 2.0' ist es möglich, zu messen, wie gut die Kommunikation, die Zusammenarbeit, die Beziehungsebene und die Qualität der einzelnen Akteure ist. Die Analyse anhand des Fragebogens hilft dabei, den Informationsaustausch und das Kommunikationsverhalten zu überdenken und zu verändern. Gemba und 'Relational Coordination' können somit zur Lean Bettenstation beitragen und dabei helfen zielgerichtete und effiziente Standards zu erstellen (Walker et. al., 2017 S. 131, Gittell, 2011, S. 17-22.)

6.1.3 Phase 3: Gemeinsam vor Ort Lösungen Entwickeln und testen

Die dritte Phase 'Gemeinsam vor Ort Lösungen entwickeln und testen' beschäftigt sich laut Walker et. al. (2017, S. 131) damit, den Veränderungsprozess richtig zu steuern und die Lösungsansätze für den Transformationsprozess richtig zu nutzen. Hierbei geht es darum die Einzelteile, also alle verschiedenen Lösungen, zusammenzuführen und deren volles Potential auszuschöpfen. Walker et. al. (2017,

S. 131) nennt hierfür sechs Punkte, die sich für die Ausarbeitung der Lösungsansätze gut eignen.

1. Der Hauptfokus in allen Ebenen der Transformation ist der Patient. Dabei ist es das oberste Ziel eine bessere und zeitlich effizientere Patientenversorgung zu ermöglichen. Das Erleben und das allgemeine Empfinden des Patienten sind hierbei ausschlaggebend und deren Feedback hilft dabei effiziente Lösungen zu finden. Die Bedürfnisse des Patienten stehen an erster Stelle (Walker et. al.2017, S. 131). Spalinger, Huber & Kämpfer (2017, S. 26) bezeichnen den Patienten und deren Zufriedenheit als Kompassnadel und Wegweiser für eine effiziente Strategie.

2. Das Team der Lean Bettenstation setzt sich aus allen Akteuren der Station zusammen. Dazu gehören die Pflegepersonen, Ärzte, Therapeuten, Case Management, Sozialer Dienst, Apotheke, Lieferanten, Reinigung, Facility Management und die IT-Systemelektronik. Es soll verdeutlicht werden, dass wirkliche alle Akteure auf der Station mit in den Transformationsprozess einbezogen werden (Tscheppe, 2017, S. 21-22 und Walker et. al.2017, S. 132).

3. Das Ausrichten der Lösungen geschieht nach einer gemeinsamen 'Try and Error' Methode direkt vor Ort. Die Lösungsansätze werden vorher in Workshops ausgearbeitet und anschließend in Simulationen erprobt, bis das gewünscht Ergebnis erzielt worden ist. (Tscheppe, 2017, S. 29-34, Walker et. al & Kämpfer, 2014, S. 11 und Walker et. al.2017, S. 132).

4. In den Workshops, die zur Umsetzung dienen, geht es darum zielgerichtet zu arbeiten. Aus vorher entstanden Ideen werden realisierbare Lösungen kreiert und aus diesen Lösung werden wiederum geläufige Standards. Dabei hängt es von jedem einzelnen ab konkrete Verbesserungsvorschläge in die Workshops zu implementieren, umso mehr Effizienz für die Lösungen zu erlangen (Matt, Siller & Pranti, 2015, S. 2 und Walker et. al.2017 S. 132).

5. Ein weiterer zentraler Punkt ist es, mittels Coaching und Moderation, zu der Erarbeitung einer Lösung beizutragen. Dies geschieht indem man den laufenden Fortschritt und den Transformationsprozess im Auge behält. Es ist essentiell wichtig die Problemlösungskompetenzen der Mitarbeit noch vor Beginn der Lean Bettenstation herauszuarbeiten, denn diese sind bereits in der Entwicklung von Strategien nötig und hilfreich. Es hilft außerdem dabei, schon rechtzeitig dazu zu sensibilisieren welche Verantwortung

von den einzelnen Mitarbeiter übernommen werden muss (Thiele, 2017, S. 15-16 und Walker et. al.2017 S. 132).

6. Stetiges und kontinuierliches Simulieren und Testen der Problemlösungen trägt präventiv dazu bei, mögliche Risiken im 'Go-Live' zu reduzieren oder erst gar nicht eintreten zu lassen. Das 'Go-live' bedeutet den Start der neuen Arbeitsweise auf der Station, wobei die Simulationen dazu beitragen sollen, dass das 'Go-live' reibungslos gelingt (Hipp, 2016, S. 7 und Walker et. al.2017 S. 132).

Ein wichtiger Aspekt auf dem Weg zur Modellzelle also der Lean Bettenstation ist es also, die vorhanden Probleme zu identifizieren, in gemeinsamen Workshops Problemlösungsansätze zu erarbeiten und diese in anschließenden Simulationen auf ihre Wirksamkeit zu testen. Zeigt sich eine Problemlösung als Wirksam, wird ein gängiger Standard (Standard-Work) erstellt. Walker et. al. (2017, S. 132-133) ist der Auffassung, dass Simulationszonen Entstehungsorte von großen Innovationen und bahnbrechender Lösungen sind. In der Simulationszone wird diskutiert und prototypisiert. Es herrscht Raum für kreatives Chaos und interprofessionellen Austausch. Weimann (2018, S. 4) ist in der dritten Phase der Meinung, dass es auch vor allem Aufgabe der Führung ist, die Veränderung immer wieder neu darzulegen, um den an dem Prozess Beteiligten den aktuellen Stand bewusst zu machen.

6.1.4 Phase 4: Für neue Lösungen befähigen und Kompetenzen aufbauen

In der vierten Phasen geht es darum, die Akteure für neue Lösungen zu befähigen und Kompetenz aufzubauen. Hierbei ist klar, dass das Modelzellenteam dank des Gemba einen deutlich höheren Vorsprung im Lean Management hat, als der Teil des Teams der nicht im dem Projektteam mitwirkt (Walker et. al., S. 134). Für Weimann (2018, S. 4) ist dies die Phase des Verstehens, also das den Akteuren die nötigen Veränderungen bewusst werden und diese dadurch die nötigen Kompetenzen entwickeln. Laut Walker et. al (2017, S. 134) empfiehlt es sich hierbei das sogenannte 'Train-the-Trainer-Prinzip' einzusetzen, um die das restliche Team durch die erworbenen Kompetenzen zu schulen und auf dasselbe Level wie das Projektteam zu bringen. Dabei durchlaufen die Mitarbeiter Testabläufe und geben sich ein gegenseitiges Feedback um die Sinnhaftigkeit der Lösungen zu begreifen, diese gegebenenfalls zu diskutieren und zu verbessern (Weimann, 2018. S. 5 und Walker et. al.2017, S. 134). Ein Standard ist wie schon vorher erwähnt, für das implementieren neuer Arbeitsabläufe sinnvoll. In diesem sind konkrete Vorgehensweise der Arbeitsabläufe bereits in Workshops und Testläufen erarbeitet worden. Diese Standards oder auch "Standard-Work" bilden laut Walker et. al. (2018, S. 134) die Grundlage für erfolgreiche Teammedizin. Sie vereinfachen Aufgaben und Prozesse und schaffen ein gemeinsames Verständnis.

Auf dem Weg zu einer Modellzelle anhand einer Lean Bettenstation ist es unerlässlich, die zentralen Prozesse in einem Standard zu definieren. Der Aufbau eines Standards richtig sich nach folgendem Aufbau (Walker et. al., 2017, S. 135):

Verantwortlich:		
Ziel:		
WAS: Prozessschritt	**WIE:** Wie wird dieser Schritt durchgeführt?	**WARUM:** Was ist das Ziel?
Prozessschritt 1		
Prozessschritt 2		

Tabelle 2: Standardprozess
(Walker et. al, 2017, S. 135)

6.1.5 Phase 5: Während der Veränderung begleiten

Weimann (2018, S. 4) nennt diese Phase "Abschied vom Alten und Akzeptanz des Neuen" wo wiederum Walker et. al. (2017, S. 136) diese Phase als "Während der Veränderung begleiten" bezeichnet. Beide meinen aber in dieser Hinsicht dasselbe. Es geht hierbei um das so genannte 'Go-live' nach dem 'Big-Bang-' oder auch 'Kaikaku-' Prinzip, also der radikalen Umstellung der alten Arbeitsabläufe auf die neueren. Walker et. al. (2017, S. 136) sind der Überzeugung, dass eine Simulation vor dem 'Go-Live' stattfinden muss. Dabei wird der Stationsalltag nach dem Lean-Hospital-Prinzip getestet und in mehreren Probedurchläufen simuliert. Die Simulation wird von Trainern begleitet, die den Mitarbeiter bei Fragen und anderen Belangen zur Seite stehen. Weiter ist es empfehlenswert ein "Qualifying" der einzelnen Mitarbeiter durchzuführen, im "Qualifying" wird überprüft, ob die Mitarbeiter das nötige Kompetenzlevel entwickelt, Problemlösungsansätze verstanden haben und diese zielgerichtet umsetzen können. Es trägt außerdem seinen Teil dazu bei, dass die Standards die für das Lean Konzept entwickelt wurden, ihre Verbindlichkeit erhöhen. Mit dem dann folgenden Tag des 'Go-live' wird deutlich, wie die verschiedenen Komponenten zusammen spielen. Etwaige Fehler sollten vorher im Probelauf oder in nochmaligen Workshops und Simulationen ausgebessert werden. Nach dem 'Go-live' ist in der Anfangsphase weiterhin eine engmaschige Begleitung der Mitarbeiter notwendig, da Veränderung in der Arbeitsweise für die Mitarbeiter tiefgreifender Natur sind. Dabei ist nicht zu vernachlässigen, dass nicht nur Betreuungsteams Unterstützung benötigen, sondern auch die Leitungen. Denn diese sind ebenso wie die Betreuungsteams einer großen Veränderung ausgesetzt und es ist deren Aufgabe die Prozesse mit zu überwachen. Gerade in der Anfangsphase können noch unvorhergesehene Geschehnisse und Fehler auftreten, die im Verlauf zusammen mit dem multiprofessionellen Team erkannt und ausgebessert werden müssen. Hierbei kommt das Kaizen anhand eines Kaizen Boards zu tragen. Wie schon erwähnt, ist das Ziel des Kaizens eine kontinuierliche Verbesserung zu erzielen. Um die Probleme richtig zu erkennen, ist das Feedback der Patienten und Mitarbeiter im laufenden Prozess des Lean eine unverzichtbare Position, denn auch dies ist vom Kaizen betroffen; dabei kommt dass Fluss- sowie das Pull-Prinzip zur Geltung (Abbildung 6).

Abbildung 6: Pull-Prinzip
(Weimann, 2018, S. 4)

Für neue Probleme werden neue Problemlösungen geschaffen. Dafür werden innerhalb des Ablaufes Simulationen geschaffen um die neuen Ansätze zu trainieren und zu verbessern (Schwickert et al. 2011, S. 4-5, Puliafito et al. 2014, S. 120, Weimann, 2018, S. 4-5 und Walker et. al.2017, S. 136). Laut Walker et. al. (2017, S. 137) ist das Feedback nach dem 'Go-live' also dem Projektstart die erste wichtige Phase, denn dies stellt ein wichtigsten Assessments im Kaizen dar. Im Lean Hospital erfolgt dies nach dem 'Coaching Kata'-Prinzip. Coaching Kata kommt aus dem Japanischen und stellt eine begleitende und unterstützende Form des Lernens dar, was zu einer höheren und effizienteren Lerngeschwindigkeit führen soll (Reverol, 2012, S. 23). Abbildung 7, zeigt eine Lernkarte nach dem 'Coaching Kata-Prinzip'.

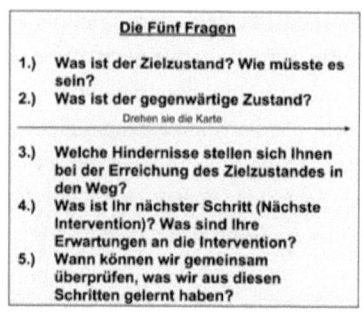

Abbildung 7: Coaching Kata-Prinzip
(Walker et. al., 2017, S.137)

6.1.6 Phase 6: Verbessern und Weiterentwickeln

"Verbessern und weiterentwickeln" heißt es in der sechsten Phase nach Walker et. Al. (2017, S. 137). In dieser Phase liegt die gesamte Konzentration in der Weiterentwicklung und stetigen Verbesserung, welche auf mehreren Ebenen abläuft. Der Evaluierungsprozess verläuft nach standardisierten Reviews. Oberste Priorität hierbei ist es, dass die erreichten Verbesserungen falsifizierbar und plausible sind (Walker et. al., 2017, S. 138). Weimann (2018, S. 5) hält Prozessverbesserungen im Krankenhaus ebenso für sinnvoll als auch notwendig. Dadurch können Organisationsabläufe verbessert und somit die Patientensicherheit erhöht werden. Die Eckpfeiler richten sich hier nach dem PDCA Zyklus (Plan - Do - Check - Act). Dieser ist hilfreich, um die Effizienz und Effektivität der Maßnahmen zu überwachen. Mögliche messbare Verbesserung auf der Lean Bettenstation sind laut Walker et. al. (2018, S. 138) beispielsweise die Verringerung der Visitenzeit, das Aufkommen von Unterbrechungen während des Arbeitsablaufes, zum Beispiel durch Patientenrufe. Bei den Mitarbeitern kann dies die Reduktion von Überstunden, der Fluktuationsrate, der Übergabezeit und Krankheitstagen sein. Bei den Patienten dagegen eine Präsenzerhöhung am Patientenbett, die Reduzierung von Beschwerden und eine Verbesserung des Patientenerlebnisses und der Patientenzufriedenheit. In der Belegungsstatistik ist es eine messbare Reduktion der durchschnittlichen Aufenthaltsdauer von Patienten, eine Reaktionsmöglichkeit auf Auslastungsspitzen und hierdurch eine verbessertes Entlassungsmanagement. Weiter sind messbare Ergebnisse in der Patientensicherheit möglich, anhand von Messung der Ätiologie von Dekubiti oder Patientenstürzen und der Reduktion der von Wiederaufnahme. *Im Bereich* der Logistik wäre eine Reduktion des Medikamentenbestandes oder der Verbrauchsmaterialien messbar. Wieder wichtig ist es in diesem Schritt weiterhin das Kaizen durchzuführen und anhand der Lean Methoden wie dem MUDA- und dem Push-Prinzip weitere Verbesserungen anzustreben. Dabei ist das Feedback der Mitarbeiter und Patienten weiterhin ein ausschlaggebender Faktor um die Effizienz und Effektivität dauerhaft zu erhöhen. Dabei sollte nicht vergessen werden, dass Lean-Management den Patienten in den Mittelpunkt stellt und die Aussagen des Patienten höchste Priorität haben (Weimann, 2018, S. 5-6 und Walker et. al.2017, S. 139). Es ist wichtig Nachhaltigkeit zu schaffen und somit das Projekt Lean Hospital langfristig sicherzustellen. Regelmäßige Audits unterstützen das Team der Lean Bettenstation die Richtlinien und die Qualität des Lean Managements zu halten (Walker et. al., 2017, S. 140).

6.1.7 Phase 7: Die Modellzelle zum Standard machen

Nach erfolgreicher Implementierung der Modellzelle, auf der Lean Bettenstation und der vorher durchgeführten sechs Phasen. So ist nach Walker et. al (2017, S. 141) in der siebten Phase, die Modellzelle zum Standard des Lean Hospitals zu machen. Hierbei sollten sich bereits deutliche Veränderungen im Gegensatz zu den anderen nicht Lean Bettenstationen zeigen. Gemessene Ergebnisse gegeben Aufschluss darüber, ob die Modellzelle das nötige Outcome geliefert hat um sie per Rollout-Konzept auf die anderen Station der Organisation zu übertragen. Rollout bedeutet in diesem Fall das Übertragen der Modellzelle auf die anderen Stationen (Dombrowski & Mielke, 2015, S. 176 und Walker et. al., 2017, S. 142). Wichtig hierbei ist es, die erworbene Erkenntnisse nicht einfach per "Copy-Paste" Verfahren auf die anderen Bereiche zu kopieren, sondern den Prinzipien von Lean treu zu bleiben und das Lernen weiterhin in den Mittelpunkt des geschehen zu Stellen (Walker et. al., 2017, S. 142).

7 Implementierung eines Lean Managements Konzeptes anhand einer Lean Bettenstation in Liestal und Biel

Als Beispiel für die Implementierung in vorhandene Organisationsstrukturen wurde das Kantonsspital Baselland in Liestal und das Spitalzentrum Biel gewählt. Das Kantonsspital Baselland in Liestal hat als erstes im deutschsprachigem Raum das Lean Hospital Konzept in Form Bettenstation erfolgreich umgesetzt, später folgte das Spitalzentrum Biel (Angerer & Brand, 2016, S. 196, Walker et. al, 2017, S. VII).

7.1 Ausgangslage Kantonsspital Baselland in Liestal

Die Bettenstation 6.1 im Kantonspital Baselland in Liestal war schon über einen längeren Zeitraum geschlossen, so kam die Überlegung des Managements eine radikalen Systemumstellung durchzuführen, man wollte komplett weg von alten Strukturen mit dem Ziel, mehr Zeit für den Patienten zu haben und mehr auf die Bedürfnisse des Patienten einzugehen. Das Management führte die sieben Phasen des Lean Managements durch vom MUDA bis zum Schritt des "Kaizen", der kontinuierlichen Verbesserung bis hin zum "Kaikaku" der radikalen Systemumstellung mit einer sprunghaften Verbesserung durch. Mit einer Vorlaufzeit von vier Monaten und einer Low-Budget Finanzierung wurden mit viel Ehrgeiz im multiprofessionellen Team die ersten Konzepte und Lösungen für die Lean Bettenstation entwickelt. Daran beteiligt waren die neue Pflegeleitung, ein Oberarzt, eine Pflegeexpertin, ein Logistiker, ein IT-Mitarbeiter, eine Apothekerin, ein Mitarbeiter der Administration und eine Projektmanagerin. Das Ergebnis erster Umsetzung der Lean Bettenstation war überzeugend genug um mit dem Pilotprojekt weiter fort zu führen (Walker et. al., 2017, S. 1-2).

7.2 Ausgangslage des Spitalzentrums Biel

Als Pilotstation für das Lean Hospital Konzept, sollte die Viszeral- Gefäß- und Lungenerkrankungen sowie die Orthopädie im Spitalzentrum Biel dienen. Die Station fasst 35 Betten und hat sich bisher an traditionelle Management- und Ablaufstrukturen gehalten. Die Zuständigkeitsbereiche haben sich bisher auf mehrere Personen aufgeteilt, wodurch es im Zweifelsfall zu langen Laufwegen und einem hohen Zeitaufwand für die Pflegekräfte kam. Daten von neuaufgenommen Patienten wurden erst im Stationsbüro in das Patientensystem eingepflegt, die Pflegekräfte waren zudem alle mit einem Telefon ausgestattet, welches zu zusätzlichen Störungen im Pflegeprozess und im Arbeitsalltag geführt hat. Aus der Überlegung heraus, dass die oben genannten Störfaktoren einen großen Einfluss auf das Patientenwohl haben und die Organisationsstrukturen alles andere als rund liefen, beschloss die Geschäftsleitung Anfang 2014 Einrichtungen zu besuchen, die dieses Konzept bereits erfolgreich umgesetzt haben und die gesammelten Erfahrungen und Beobachtungen auf der oben genannten Bettenstation umzusetzen. Besucht wurde ein Krankenhaus in Seattle in den USA und unter anderem das Kantonsspital Baselland in Liestal welches das Konzept bereits erfolgreich umgesetzt hat. Mit der Unterstützung externer Berater wurde das Konzept des Lean Managements im Spitalzentrum Biel eingeführt. Es erfolgte ein wöchentliches Meeting der Akteure um den Prozess des Konzeptes zu evaluieren und zu verbessern. Zeitgleich erfolgten regelmäßige Schulungen der Mitarbeiter und minimale bauliche Veränderungen der Station (Angerer et al., 2016, S. 196 - 197). Am 13. Oktober 2014 erfolgte die Einführung des Konzeptes in die Pilotstation nach dem "Kaikaku" oder "Big-Bang-Prinzip", was bedeutet, dass alle Arbeitsprozesse und Organisationsstrukturen rapide umgestellt und keine der vorherigen Organisationsabläufe oder Strukturen noch durchgeführt wurde. Alle Mitarbeiter, Pflegepersonal- sowie Ärzte wurden zur Vorbereitung auf den Tag, der Umstellung mit E-Learning Plattformen Theoretisch und in anschließenden Schulungsübungen praktisch vorbereitet. Regelmäßige Teamsitzungen wurden dazu genutzt, offene Fragen zu klären. Ein ausgearbeiteter Guide in Form eines Handbuches wurde allen Beteiligten ausgehändigt. In der Anfangsphase der Umstellung, standen den Mitarbeiter bis zu drei begleitende Personen für Fragen und Antworten zur Verfügung. Patienten wurden mit einem kleinen Geschenk auf die Umstellung der Station aufmerksam gemacht (Angerer et al., 2016, S. 199).

7.3 Die Methoden von Lean Hospital in Liestal und Biel

Das Kantonsspital Baselland in Liestal sowie das Spitalzentrum Biel nutzen beide, dass in Seattle genutzte Lean Management Konzept, welches sich auf verschiedene Module bezieht. Einige dieser Strukturmodule werden im Folgenden aufgezeigt und dargestellt. Die aufgezeigten Module sollen zu einer Prozessoptimierung beitragen und im späteren eine Verbesserung der Mitarbeiter- und Patientenzufriedenheit hervorrufen soll. Im Jahr 2018, konnte sich aufgrund einer 14-tägigen Auslandshospitation selbst ein Bild, von der Lean Bettenstation im Kantonsspital Baselland in Liestal gemacht werden. Dabei konnten die Arbeitsabläufe und die Umsetzung direkt miterlebt werden. Die im Folgenden Text gezeigten Bilder stammen aus der Hospitation und sollen einen kleinen Eindruck, der Prozessabläufe und der verschiedenen Methoden des Lean Hospital Konzeptes liefern.

7.3.1 Die Aufteilung in Arbeitszonen

Dies bedeutet, dass das Pflegepersonal nicht wie vorher auf der gesamten Station tätig ist, sondern in fest eingeteilten Zonen arbeitet. Dies hat den Hintergrund, die Ressourcen des Pflegepersonals optimal zu nutzen, sodass das Personal einen guten Überblick, über nur wenige Patienten hat, dadurch kann sich die Pflegekraft auf seine Tätigkeit im jeweiligen Bereich konzentrieren, ohne eine Vielzahl von Aufgaben übernehmen zu müssen, dies spart Zeit, sorgt für Effizienz und einer Zunahme der Patientensicherheit. Die Hauptkoordination obliegt hierbei der Stationsleitung (Angerer et al., 2016, S. 197). Jede Pflegekraft wird in eine Zone eingeteilt. Die Schichtverantwortlichen für die Pflege, sowie für die ärztlichen Aufgaben werden visuell auf einem Board schriftlich erfasst, die Zonenaufteilung der Pflege wird ebenfalls Visuell zur Nachvollziehbarkeit, auf dem Board oder anderem Medium festgehalten und als Strukturierung des Tagesablaufes genutzt (Weber, 2014, S. 7). Folgende Abbildung stammt aus dem Kantonsspital Baselland in Liestal und zeigt anhand einer Tafel die Zonenaufteilung.

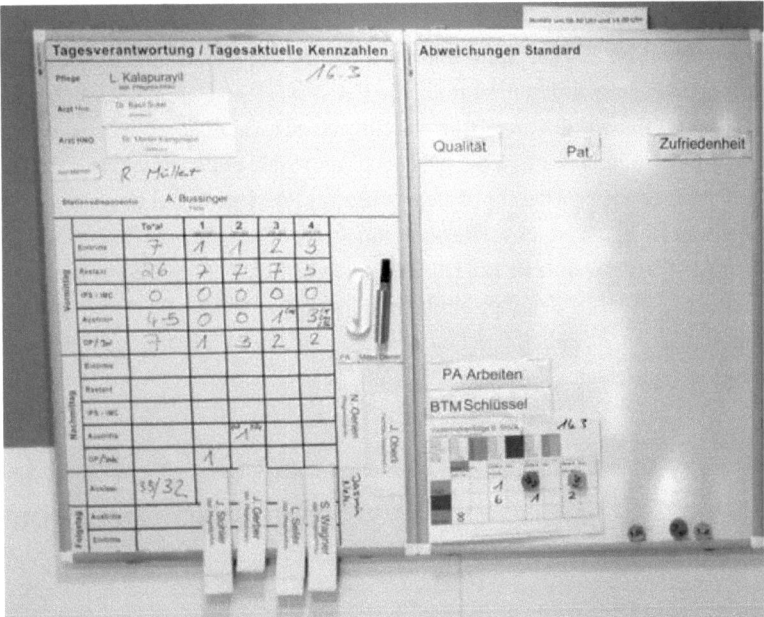

Abbildung 8: Das Huddelboard
(Boche, 2017)

7.3.2 Stündlicher Rundgang

Angerer et al. (2016, S. 198) und Walker et. al. (2017, S. 95) sind der Meinung, dass der stündliche Rundgang einer der wichtigsten Änderung im Lean Hospital sind. Dieser stündliche Rundgang auch "Hourly Safety Round" (USA) oder auch "Intentional Rounding", "Care Rounds", "Ward Rounds" und "Hourly Nursing Rounds" genannt, bedeutet, dass das Pflegepersonal sich in einer permanenten Bewegung mit dem Pflegewagen auf der Station befindet. Dabei steht wie im Verlauf schon erwähnt, der Patient im Fokus. Der Stündliche Rundgang soll das Vertrauen und vor allem die Sicherheit gegenüber den Patienten stark verbessern. Bereits 60 Minuten im Voraus, werden alle Tätigkeiten die am Patienten zu verrichten sind geplant und innerhalb der dieses Zeitraums durchgeführt. Dies ermöglicht vor allem eine regelmäßige Sichtung der Patienten, was auf der Patienten und der pflegerischen Seite für mehr Sicherheit sorgt, da Probleme frühzeitiger erkannt und evaluiert werden können (Angerer et al. 2016, S. 197/198, Walker et. al., 2017, S. 95,). Walker et. al. (2017, S. 95) schreibt, dass die positiven Auswirkungen des stündlichen Rundgangs bereits empirisch belegt sind. Zu diesen positiven Effekten gehören, dass sich das Patientenerlebnis hinsichtlich der neuen Situation auf der Station verbessert, die Patientenzufriedenheit steigt, die Anzahl an Beschwerden nimmt ab, die Patientensicherheit erhöht sich und somit das Dekubitus- und Sturzrisiko verringert, die Häufigkeit der Betätigung der Schwesternrufanlage sinkt, bei gleichzeitigem Steigen der Reaktion der Pflege auf die Patientenrufe, verkürzte Laufwege für das Pflegepersonal und am wichtigsten, die Anwesenheitszeit des Pflegepersonals am Patienten wird deutlich erhöht. Hipp (2016, S. 5), Gutzeit (2018, S. 844), Aebi (2014, S. 5) und Latjinhouwers & Thurnes (2017, S. 7) treffen ähnliche oder sogar gleiche Aussagen. Abbildung 9 und Abbildung 10, sollen den Stationsalltag ohne und mit dem stündlichen Rundgang verdeutlichen:

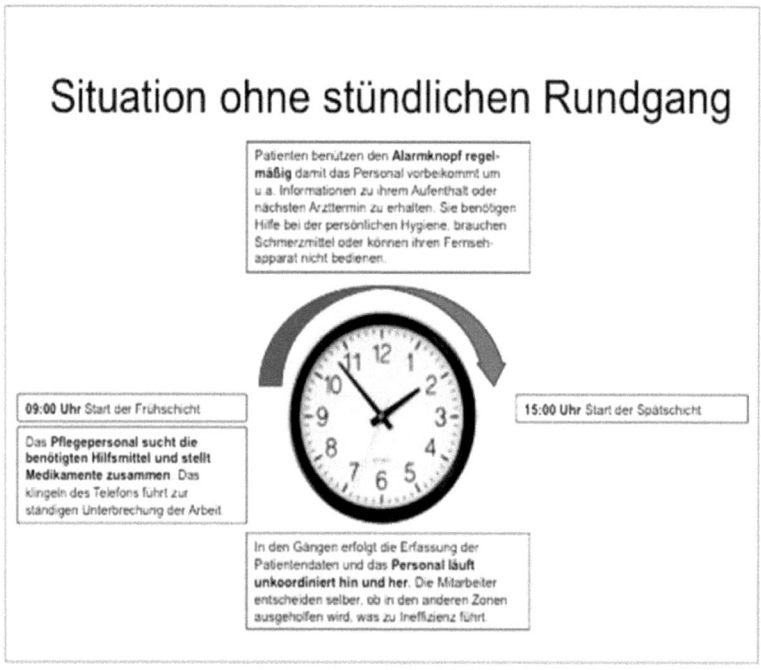

Abbildung 9: Situation ohne stündlichen Rundgang
(Angerer, 2016, S.198)

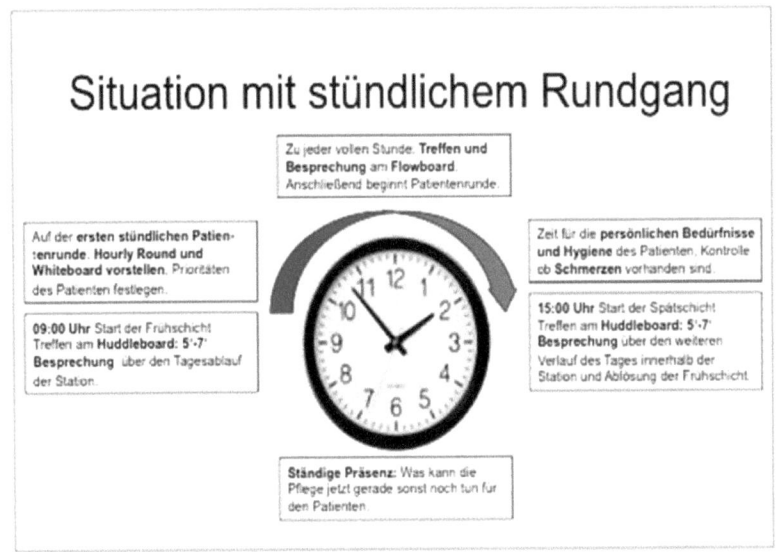

Abbildung 10: Situation mit stündlichem Rundgang
(Angerer, 2016, S.198)

Der stündliche Rundgang wird in einen 4P oder 7P Standard unterteilt, 4P (der regelmäßige Rundgang, während der Schicht) steht in der Hinsicht für "Persönliche Hygiene", "Pain", "Position" und "Präsenz" und bei dem P7 Rundgang (zu Beginn jeder Schicht) kommen noch die Punkte "Person", "Plan" und "Prioritäten" hinzu (Walker et. al., 2016, S. 95). Folgende Abbildungen verdeutlichen den Prozess:

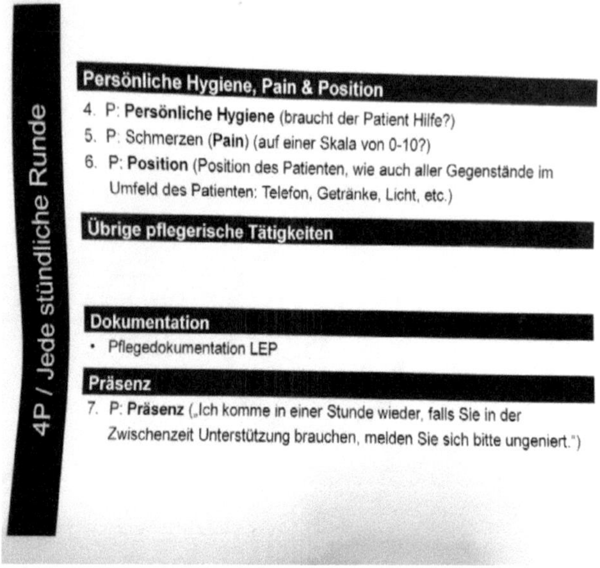

4P / Jede stündliche Runde

Persönliche Hygiene, Pain & Position
4. P: **Persönliche Hygiene** (braucht der Patient Hilfe?)
5. P: Schmerzen (**Pain**) (auf einer Skala von 0-10?)
6. P: **Position** (Position des Patienten, wie auch aller Gegenstände im Umfeld des Patienten: Telefon, Getränke, Licht, etc.)

Übrige pflegerische Tätigkeiten

Dokumentation
- Pflegedokumentation LEP

Präsenz
7. P: **Präsenz** („Ich komme in einer Stunde wieder, falls Sie in der Zwischenzeit Unterstützung brauchen, melden Sie sich bitte ungeniert.")

Abbildung 11: 4P-Runde
(Boche, 2017)

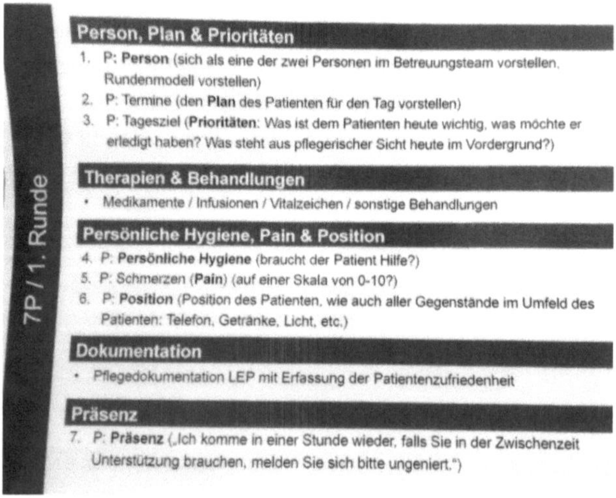

7P / 1. Runde

Person, Plan & Prioritäten
1. P: **Person** (sich als eine der zwei Personen im Betreuungsteam vorstellen. Rundenmodell vorstellen)
2. P: Termine (den **Plan** des Patienten für den Tag vorstellen)
3. P: Tagesziel (**Prioritäten**: Was ist dem Patienten heute wichtig, was möchte er erledigt haben? Was steht aus pflegerischer Sicht heute im Vordergrund?)

Therapien & Behandlungen
- Medikamente / Infusionen / Vitalzeichen / sonstige Behandlungen

Persönliche Hygiene, Pain & Position
4. P: **Persönliche Hygiene** (braucht der Patient Hilfe?)
5. P: Schmerzen (**Pain**) (auf einer Skala von 0-10?)
6. P: **Position** (Position des Patienten, wie auch aller Gegenstände im Umfeld des Patienten: Telefon, Getränke, Licht, etc.)

Dokumentation
- Pflegedokumentation LEP mit Erfassung der Patientenzufriedenheit

Präsenz
7. P: **Präsenz** („Ich komme in einer Stunde wieder, falls Sie in der Zwischenzeit Unterstützung brauchen, melden Sie sich bitte ungeniert.")

Abbildung 12: 7P-Runde
(Boche, 2017)

Die 4P/7P Standards tragen zu einer Strukturierung der Pflegenden und Ärzte in Bezug auf die Kommunikation mit dem Patienten bei. Hierbei kann dem Patienten eine zusätzliche Sicherheit gegeben werden. Der Patient soll mit diesem Standard in seiner Gesamtheit erfasst werden. Bei ersten Beobachtungen ist besonders Aufgefallen, dass die Patienten sich viel mehr in die Tagesplanung integrieren. Auf jedem Patientenzimmer, hängt ein Whiteboard auf dem die zuständige Pflegefachperson und zuständigen Ärzte namentlich erwähnt sind, zu dem befindet sich auf dem Board die aktuelle Tagesplanung (Walker et. al., 2017, S. 95-97).

7.3.3 Mobiler Pflegewagen

Essentiell wichtig für den stündlichen Rundgang, ist der mobile Pflegewagen wie in Abbildung 13 zu sehen, dieser soll das Stationszimmer mobil machen und dem Pflegepersonal so ermöglichen überall auf der Station arbeiten zu können. Hiermit sollen vor allem unnötig lange Laufwege vermieden und unnötige Arbeitsunterbrechungen verhindert werden. Der mobile Pflegewagen ist mit einem Laptop für die elektronische Dokumentation, relevanten Medikamenten, sowie wichtigen Pflegematerialien ausgestattet (Walker et. al, 2017, S. 98, Angerer, 2016, S. 197, Weber, 2014, S. 6-7 und Wittwer, 2016, S. 34-36).

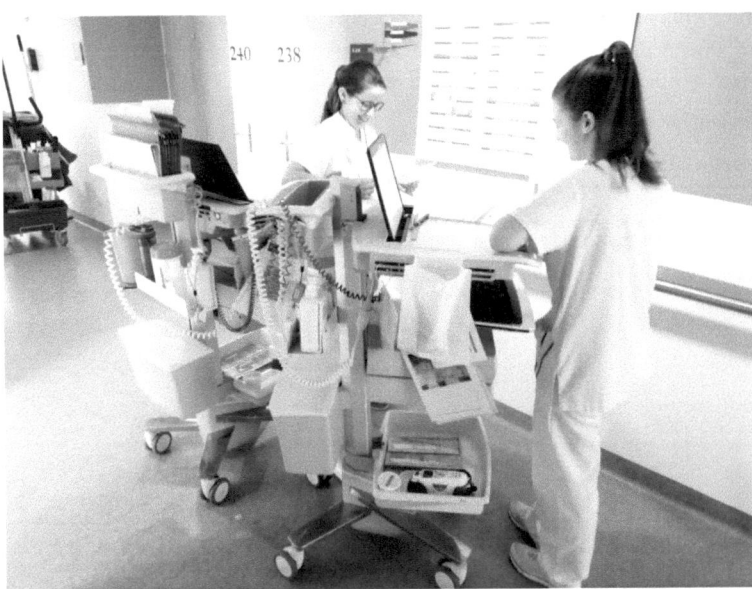

Abbildung 13: Mobiler Pflegewagen
(Boche, 2017)

7.3.4 Elektronische Dokumentation

Wie im Lean Management oder dem Schritt des "Kaikaku" üblich, erfolgt eine Umstellung von der Papierdokumentation auf die elektronische Dokumentation, diese wird mit den, auf den mobilen Pflegewagen vorhandenen, Laptops durchgeführt. Die Dokumentation erfolgt zeitnah und direkt im Patientenzimmer nach Verrichtung einer pflegerischen Tätigkeit, so sollen Dokumentationsfehler und unnötige Laufwege erspart werden. Die Laptops sind mit W-LAN und einem zusätzlichen Akku für einen reibungslosen Arbeitsablauf ausgestattet (Angerer, 2016, S. 197).

7.3.5 Material- und Medikamentensets

Die Krankenhauslogistik stellt für die mobilen Pflegewagen Materialsets und die Spitalapotheke die nötigen Medikamentensets zur Verfügung. Die Materialsets beinhalten alle wichtigen und pflegerelevanten Materialien, die für die professionelle Pflege nötig sind, dazu gehören zum Beispiel elektronische Messgeräte. Die Medikamentensets enthalten alle für den Patienten relevanten Medikamente und werden von der Spitalapotheke gerichtet, nummeriert und in den jeweiligen Pflegewagen gelegt. Die Medikamente werden erst bei dem Patienten aus dem Set geholt und verabreicht. Das Vorbereiten beider Sets stellt eine große Entlastung der Pflege dar und verringert die Fehlerkultur (Angerer, 2016, S. 197, Weber, 2014, S. 6-7) und Wittwer, 2016, S. 36). Abbildung 14 zeigt eine Materialbox mit der Zugewiesen Patientennummer.

Implementierung eines Lean Managements Konzeptes anhand einer Lean Bettenstation in Liestal und Biel

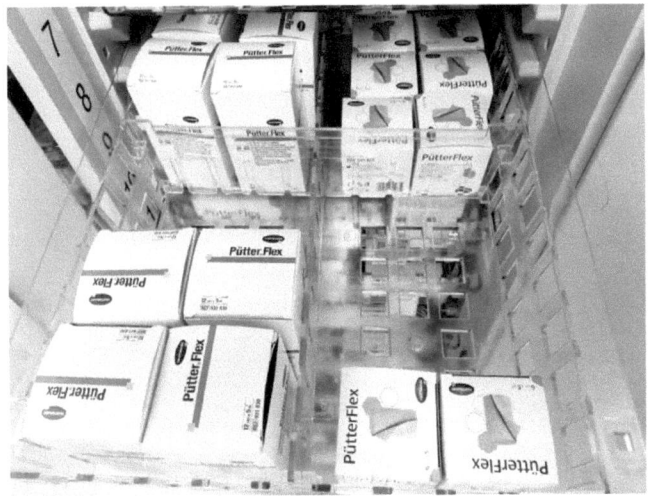

Abbildung 14: Materialwirtschaft
(Boche, 2017)

7.3.6 Das Flowboard

Das Flowboard befindet sich in jeder Zone der Lean Bettenstation (Abbildung 15). Am Flowboard trifft sich die Pflege zu jeder Stunde um erledigte Aufgaben zu evaluieren, neue zu Planen und Ressourcen gerecht aufzuteilen. Dort werden ebenfalls mögliche Überlastungen der einzelnen Pflegepersonen aufgezeigt und im Team aufgeteilt (Angerer, 2016, S. 197 und Weber, 2014, S. 7)

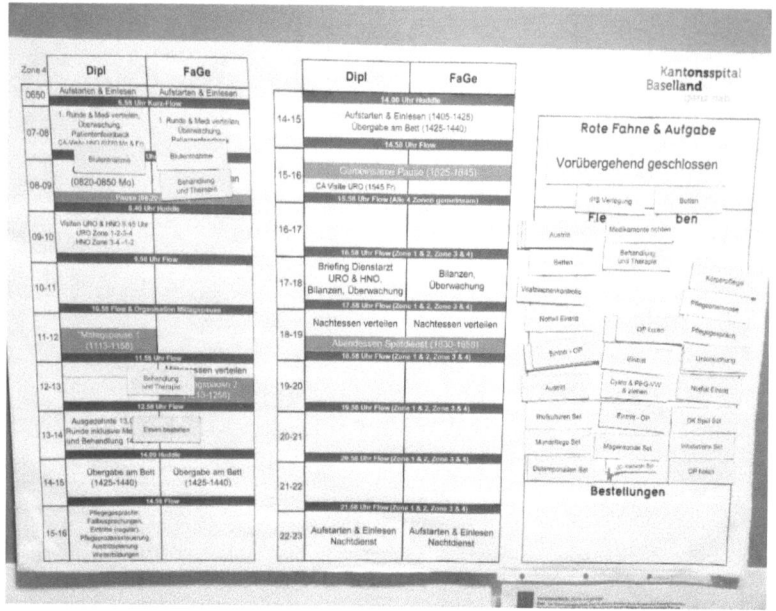

Abbildung 15: Flowboard
(Boche, 2017)

7.3.7 Das Huddleboard

Das Huddleboard (Abbildung 16) ist der zentrale Planungspunkt, an dem sich alle Berufsgruppen der Station zwei Mal täglich zur Besprechung treffen. Das multiprofessionelle Team kann dort wichtige Kennzahlen und Reports des Tages einsehen. Es findet ein gemeinsamer Informationsaustausch statt und alle relevanten Abweichungen von der Tagesplanung werden aufgeschrieben und ungeplante Zwischenfälle, wie zum Beispiel ein Notfall, werden im Team besprochen und evaluiert. Auf dem Huddleboard sind Informationen zu der aktuellen Bettenbelegung, der personellen Besetzung, dem Einsatzplan, Pausenzeiten und der aktuellen personellen Auslastung notiert (Angerer, 2016, S. 197, Wittwer, 2016, S. 34).

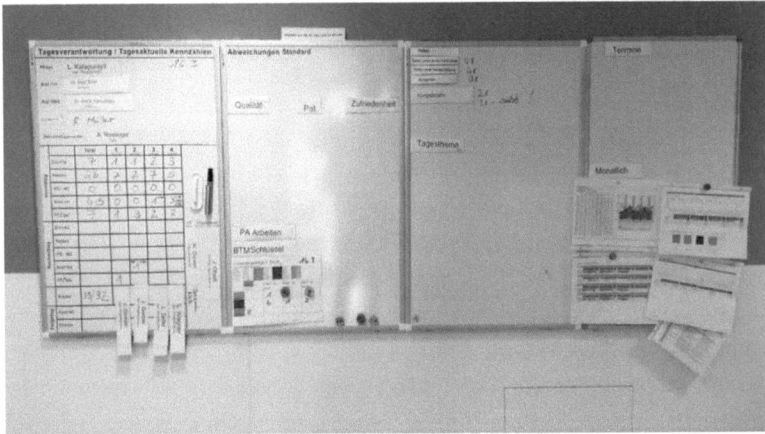

Abbildung 16: Huddle-Board
(Boche, 2017)

7.3.8 Das Patientenboard

Auf jedem Patientenzimmer befinden sich ein Whiteboard, dort kann der Patient einsehen, wie der geplante Tagesablauf aussieht, welche Pflegepersonen und welcher Ärzte für ihn zuständig sind. Dort werden außerdem alle Wünsche und Ziele in Absprache mit dem zugeteilten Arzt schriftlich festgehalten. Zum Beispiel kann dort die Motivation und der geplante Entlassungs- oder Eingriffstermin festgehalten werden. Der Patient kann ebenfalls einsehen, um welche Uhrzeit das Pflegepersonal den nächsten stündlichen Rundgang macht (Angerer, 2016, S. 197).

7.3.9 Medikamentenrichtplatz

Der Medikamentenrichtplatz dient dem ungestörten Richten von Medikamenten für die Station und den jeweiligen Patienten. Dieser befindet sich in einem geschlossenen Raum der nur mit einer Chipkarte zugänglich ist. Dort kann die Pflegeperson die vom Arzt verschriebenen Medikamente für die Patienten richten, dabei trägt sie am Arm ein gelbes Band, welches symbolisiert, dass Medikamente gestellt werden und eine Störung vermieden werden soll. Die fertig gestellten Medikamente werden dann auf die Pflegewagen verteilt (Angerer, 2016, S. 197).

7.3.10 Lagerung im Patientenzimmer

Ein wichtiger Punkt um dem Personal lange Laufwege zu ersparen, ist die Lagerung von Pflegeutensilien wie Inkontinenzmaterial, Handtücher, Waschlappen und allgemeine Pflegeutensilien direkt auf dem Patientenzimmer. Hierfür werden

Schränke installiert, welche die Lagerung unkompliziert und kompakt machen (Angerer, 2016, S. 197).

7.4 Erste Erkenntnisse aus Liestal und Biel

Das Kantonsspital Liestal und das Spitalzentrum in Biel konnten nach der Einführung des Lean Hospital Konzeptes viele positive Veränderungen wahrnehmen und messen. Besonders aufgefallen ist, dass es in beiden Einrichtungen bereits nach wenigen Wochen zu einer deutlich wahrnehmbaren Verbesserung der Arbeitsabläufe gekommen ist, dabei wurde festgestellt, dass das Projekt von den beteiligten Mitarbeiter als bereichernd und unterstützend wahrgenommen worden ist. Als besonders positiv wurden die stündlichen Rundgänge wahrgenommen, dabei konnte ein starker Rückgang der Betätigung der Patientenklingel registriert werden. Außerdem ist eine deutliche Verbesserung in der Dokumentationsqualität aufgefallen, Tätigkeiten am Patienten waren besser und sorgfältiger Dokumentiert als vor der Einführung des Lean Hospital Konzeptes. Beiden Einrichtungen ist es außerdem gelungen, die Patienten effektiver bei gleichen Personalressourcen zu behandeln (Walker et. al., 2017, S. 138ff. und Angerer et al., 2016, S. 199). Biel hat bereits das Konzept per "Roll-Out" auf weitere Stationen des Spitalzentrums ausgeweitet. Aus Sicht aller Beteiligten, war das Pilotprojekt mit der Modellzelle einer Lean Bettenstation ein voller Erfolg (Angerer et al. S. 199).

8 Ergebnisse

Im Folgenden werden die Ergebnisse präsentiert. In dem Fließtext werden die Kernaussagen des Lean Hospitals Konzeptes mit den Ergebnissen der gesichteten Literatur dargestellt.

8.1 Unterbrechungen und Fehlerquellen

Als Outcome Faktoren werden oft weniger Unterbrechungen und die dadurch verbundene Minimierung von Fehlerquellen genannt. Nach Matt, Franzellini, Rauch, (2014, S. 538-542) erhöht sich durch die Einführung des Lean Managements Konzeptes die Patientenzufriedenheit und die Versorgungsqualität. Den Mitarbeitern werden durch die Einführung bessere Arbeitsbedingungen geboten und die Kosten im Gesundheitssystem sinken. Ähnliche positive Effekte von Lean Hospital beschreibt auch Witter (2016, S. 34-36). Laut ihm wird eine markante Beruhigung auf den Stationen festgestellt. Die Patientensicherheit verbessert sich, weil einzelne Tätigkeiten strukturierter ablaufen und weniger Unterbrechungen den Arbeitsfluss stören. Pflegende seien weniger gestresst, Fehlerquellen werden minimiert, die Arbeit sei planbarer und Kapazitätsengpässe seien früher erkennbar. Spalinger et al. (2017, S. 26+27) berichten, dass sich seit dem Beginn der Implementierung die Zusammenarbeit und Kommunikation zwischen den verschiedenen Bereichen deutlich verbessert hat. Zudem sind die Mitarbeiter viel stärker auf die Patientenzufriedenheit sensibilisiert und erkennen Probleme deutlich früher. Diese Problemfrüherkennung ist unserer Meinung nach auf die stündlichen Patientenrundgänge und den dadurch entstehenden Anstieg des Patientenkontaktes zurückzuführen. Festzuhalten ist, in der vorhandenen Fachliteratur wird in Erfahrungsberichten häufig von einer Steigerung der Patientenzufriedenheit berichtet.

8.2 Standardisierung von Prozessen und Kommunikationswegen

Ein weiterer wichtiger Ansatz ist die Standardisierung von Prozessabläufen und Kommunikationswegen, welche durch das Lean Hospital hervorgerufen werden. Gemäß Egelin-Buser, Pfammatter und Paganoni (2014, S. 20+24) hat sich durch Lean Hospital die Kommunikation mit dem ärztlichen Dienst verbessert. Dies entsteht vor allem dadurch, dass die Ärzteteams gemeinsam mit den Pflegeteams am Huddle Board teilnehmen und so über wichtige Ereignisse, sowie Ein- und Austritte zeitgleich informiert werden. Dinkel und Fransen (2012, S. 58-63) berichten ähnliche Ergebnisse und hielten fest, "Lean Management gibt einer [...] Klinik eine gemeinsame Sprache [...] um sich für die Anforderungen des Marktes [...] fit zu machen." Außerdem sei Lean Management mehr als nur ein Instrument zur Optimierung. Ein weiteres wichtiges Instrument von Lean Hospital ist die Standardisierung, Hipp (2016, S. 3-7) zufolge haben 87 % der Studienteilnehmer die häufigsten Diagnosen mit standardisierten Behandlungspfaden im Lean Hospital hinterlegt. Die Prozesse laufen synchron und die Rädchen greifen ineinander. Es entsteht weniger Hektik, kaum Wartezeiten und keine Doppelarbeiten. Matt (2014, S. 538-542) gibt an, dass ca. 90 % der Projektteilnehmer zufrieden bis sehr zufrieden mit der Teilnahme an der Lean-Hospital-Initiative waren. Nahezu 100 % der Mitarbeiter der Projekt-Klinik würden das Lean Hospital weiterempfehlen.

8.3 Patientenzentriertheit und -zufriedenheit

Ein zusätzlicher positiver Outcome Faktor ist die Patientenzentrierung des Lean Ansatzes. Horisberger und Bingisser (2014, S. 17) geben in einem Fachartikel bekannt, dass sich seit der erfolgreichen Implementierung die Wartezeiten der Patienten in der Notaufnahme massiv verkürzt haben. Zudem hat sich im Durschnitt auf das ganze Klinikum die Aufenthaltsdauer halbiert. Subjektiv äußerte ein Mitarbeiter "Für mich persönlich am eindrücklichsten ist, dass sich fast täglich Patienten für die rasche und freundliche Behandlung bedanken". Ähnliches äußerten auch Angerer und Brand (2016, S. 196-198), laut Ihnen werden Patienten besser über den Ablauf ihres Krankenhausaufenthaltes informiert, außerdem können sich die Pflegeteams auf die Materialversorgung auf der Station verlassen. Dies sei der Fall, da das "Muda Konzept" und der damit verbundene Abbau von Lagerwirtschaft und die Konzentration auf die wesentlichen Materialbestände aus dem Lean Hospital erfolgreich umgesetzt wurden. Dinkel und Fransen (2012, S. 58-63) hingegen schrieben, dass eine Mitarbeiter- und Patientenzufriedenheit nach der Umsetzung vermutet wird, jedoch bisher noch nicht abschließend nachgewiesen werden konnte. Walker et. al und Kämpfer (2014, S. 10+11), welche als Lean Idealisten bekannt sind, äußern hingegen, dass Lean Hospital sei ein wertorientierter Ansatz, denn Patienten und dessen Bedürfnisse stehen bei diesem Konzept an erster Stelle. Schwab (2015, S. 40) beurteilt die Abnahme von Störungen und Unterbrechungen durch die Implementierung durchweg positiv. Dies führt zu einer Fehlervermeidung und beeinflusst damit die Pflegequalität positiv. Der Umstand, dass durch die Einführung von mobilen Pflegewagen, fast der ganze Arbeitstag im Patientenzimmer verbracht wird, beurteilen die Pflegenden unterschiedlich. Die einen schätzen die zusätzliche Zeit beim Patienten, die anderen hingegen vermissen die intensive soziale Teaminteraktion.

Egelin-Buser, Pfammatter und Paganoni (2014, S 20+24) berichten, besonders das Patientenboard, welches sich in jedem Patientenzimmer befindet wirkt sich auf den Patientenaufenthalt besonders aus. Durch das Board sind die Zuständigkeiten der diversen Berufsgruppen (Pflege, Ärzte, sowie Therapien) für den Patienten klar ersichtlich und der Ablauf, sowie die Entlassung sind transparent dargestellt. Zudem berichteten Behrendt, Niederberger, Braun und Rüther-Wolf (2018, S. 71-75) in einer Untersuchung von zwei verschiedenen Lean Bettenstation, dass nach erfolgreicher Implementierung die Verweildauer im Schnitt um einen Tag sinkt. Dies ist sicherlich nicht nur dem Punkt der Patientenzufriedenheit zuordbar, sondern auch dem Punkt der Kostensenkung. Denn mit der Einführung der Fallpauschalen machen sich weniger Liegetage positiv im durchschnittlichen Tageserlös bemerkbar. Aus dem Experteninterview mit Hirsbrunner (2019) geht hervor, dass sich die Patienten seit der Einführung von Lean Management besser informiert fühlen, besonders positiv sind dabei die stündlichen Runden mit der Abfrage der 7P's aufgefallen. Patienten nehmen diese als große Bereicherung wahr. Die Patienten hatten das Gefühl, dass der Tagesablauf funktioniert. Laut Hirsbrunner (2019) herrscht seit Einführung eine "extrem gute Patientenzufriedenheit dank Lean."

8.4 Mitarbeiterzufriedenheit und –zentriertheit

Im Verlauf ist deutlich geworden, dass in der Schweiz bereits erfolgreich Lean Management Konzepte anhand von Lean Hospital durchgeführt und praktiziert werden. Im Folgenden soll dargelegt werden, welchen Einfluss die Strukturen von Lean Management auf die Patienten- und die Mitarbeiterzufriedenheit hat. Nach Angerer et al. (2016, S. 196-198) haben die Mitarbeiter früh erkannt, dass das Lean Hospital Konzept die eigenen Arbeitsbedingungen verbessern könnte. Die Anzahl der Überstunden im Früh- und Spätdienst konnten laut Angerer et al. (2016, S. 199), Schwab (2015, S. 40) und Walker et. al. (2017, S.138) durch die Implementierung deutlich reduziert werden. Walker et. al. (2017, S. 138) zeigt auf, dass es zu einer Verminderung der Fluktuationsrate, Krankheitstagen und Überladungszeiten zwischen Früh- und Spätdienst gekommen ist. Beyer (2018, S. 68) und Frank, Möhlenkamp & Paech (2017, S. 43), zeigen eine Reduktion von Warte- und Bearbeitungszeiten der Mitarbeiter auf, besonders bei der Bearbeitung von Arztbriefen oder den Arbeitsabläufen im Medikamentenmanagement auf. Kübler (2017, S. 799) zeigt eine Optimierung des "Skill-Grade-Mixes" beim Pflegepersonal auf. Der Skill-Grade-Mix bezieht sich auf den optimierten Einsatz von Pflegeassistenten und Pflegefachpersonen und Pflegeexperten in der jeweiligen Schicht und der Optimierung der Zusammenarbeit (Spilsbury & Meyer, 2001, S. 4). Lingenfelder (2009, S. 5) fand in seinem Forschungsprojekt zu Lean Hospital heraus, dass besonders die Mitarbeiter von der Vermeidung nicht wertschöpfender Tätigkeiten profitieren, weil sie dadurch mehr Zeit gewinnen um sich dem Patienten und deren Angehörigen zu widmen. Eine ähnliche Aussage trifft Matt et al. (2014), "[...] der optimierten Nutzung bestehender Personalressourcen zeichnet sich der Ansatz vor allem durch seine motivierende Wirkung auf die eingebundenen Mitarbeiterinnen und Mitarbeiter aus, und zwar durch in allen Bereichen und Funktionen [...]" (S. 4). Wertschöpfung durch erhöhtes Zeitmanagement heißt es laut Thiele (2017, S. 17), durch die optimale Anpassung wertschöpfender Tätigkeiten werden lange Laufwege für das Pflegepersonal vermieden und optimiert, so wird die unproduktive Zeit verringert und die Produktivität erhöht, was ein Benefit für die Mitarbeiter darstellt. Spalinger (2017, S. 27) nennt, dass die Mitarbeiter deutlich motivierter sind und Patientenprobleme früher erkennen und selber die Lösungskompetenzen entwickelt haben, so konnte ein deutlicher Rückgang der Patientenbeschwerden verzeichnet werden. Mitarbeiter sind laut Buser et al. (2014, S. 21) sehr zufrieden mit den Veränderungen welche Lean mit sich gebracht hat, dazu zählen vor allem der mobile Pflegewagen, der unnötige Laufwege verhindert, das Arbeiten in definierten Arbeitszonen und der stündliche Rundgang. Schwab (2015, S. 40) nennt, dass die Feedbacks der Mitarbeiter unterschiedlich ausgefallen sind, diese aber allumfassend positiver Natur sind, besonders die Verringerung der Unterbrechungen im Pflegeprozess durch Patientenrufe und den Einsatz der mobilen Pflegewagen. Puliafito et al. (2014, S. 132) nennt, dass sich die Taktik und Methode des Lean Managements auf die Motivation der Mitarbeiter auswirkt und diese damit das Unternehmen positiv beeinflussen. Laut des Experteninterviews mit Hirsbrunner (2019) wirkt sich Lean Management "unglaublich gut auf die Mitarbeiterzufriedenheit aus", besonders wichtig dabei sei, dass die Arbeit "im oberen Drittel seiner Kompetenzen" stattfindet, man fühle sich gefordert. Teammitglieder von der Lean Bettenstation, die zeitweise auf einer anderen Station ausgeholfen haben, haben die Strukturen der Lean Bettenstation deutlich vermisst so Hirsbrunner (2019). Hirsbrunner (2019) meint weiter, dass der Einsatz der mobilen Pflegewagen eine große Bereicherung ist, diese verkürzen die Laufwege auf der Station enorm. Dies liegt vor allem daran, dass alle wichtigen Materialien in dem Wagen vorhanden sind. "Man weiß wo was ist" so Hirsbrunner (2019), außerdem müsse zum Beginn der Schicht weniger vorbereitet werden und dies macht sich vor allem im Frühdienst bemerkbar, "wo ich zuvor überlegen musste, dass ich bei einem Patienten Blut abnehmen muss, beim Anderen einen Verband machen, bei dem Dritten ein Infusionszugang legen musste, dann musste ich mir für alle überlegen, welches Material ich brauche", sagt Hirsbrunner (2019). Durch die mobilen Pflegewagen hat man alle nötigen Materialien bei sich. Dadurch dass man wusste, wo zum Beispiel die Materialen oder die Patientendokumentation war, hat man weniger Zeit mit dem Suchen verbracht sagt Hirsbrunner (2019). Hirsbrunner (2019) macht vor allem auch auf die neuen Strukturen aufmerksam, die einem den Alltag deutlich erleichtern, dabei hebt sie vor allem die stündlichen Runden in den Vordergrund, es wird laut Hirsbrunner (2019) weniger vergessen weil man jede Stunde in jedem Zimmer war. Ebenfalls als positiv erachtet Hirsbrunner (2019), dass das Aufgabengebiet der an der Station beteiligten Mitarbeiter angepasst wurde, so gibt es zum Beispiel einen Administrationsdienst, diese Person kümmert sich wie der Name schon sagt, um alle administrativen und organisatorischen Aufgaben auf der Station. "Jeder kann sich einfach auf diesen Administrationsdienst verlassen", so Hirsbrunner (2019). Dies beinhaltet vor allem das Tragen des Stationstelefons wobei Anrufe entgegengenommen und koordiniert werden und die Bürobesetzung. Auch die Zusammenarbeit mit den Ärzten und den Therapeuten und allgemein des gesamten Teams hat sich enorm verbessert, dies liegt vor allem an den Flow, Huddle und Patientenboards sagt Hirsbrunner (2019). Die genannten Ergebnisse wirken sich nicht nur auf die Mitarbeiterzufriedenheit aus, sondern beeinflusst auch die finanzielle Situation im Unternehmen positiv.

8.5 Kostensenkung

Dem Lean Hospital wird unterstellt ein schlecht getarntes Sparprogramm zu sein, dies ist jedoch nicht die Idee hinter dem umfangreichen Konzept. Dinkel und Fransen (2012, S. 58-63) schreiben, dass mit Hilfe des Lean Hospitals und dem damit verbundenen Kaizen, viele Verschwendungen (Mudas) erkannt und eliminiert wurden. Außerdem wurden viele EDV Dateien neu geordnet und standardisiert, so dass auf viele Papierversion verzichtet werden konnte. Zudem konnten viele Schnittstellen verschiedener Stationen und Einheiten optimiert werden. Nach den Erfahrungen von Gutzeit, Nufer, Huber, Kaiser, Funke, Utiger und Schläpfer (2018, S. 843-844) führt Kaizen-Management nachweislich zu höherer Qualität und reduzierten Kosten. Dies verlangt jedoch in vielen Organisationseinheiten des Gesundheitswesens einen Kulturwandel, einen neuen Führungsstil. Laut Aebi (2014, S. 5-15) handelt es sich, um eine Organisation und Arbeitsweise der Pflege, welche die Pflegenden von administrativen Arbeiten entlastet und gleichzeitig die Patientenorientierung fördert. Ausgehend vom Patienten und dessen Behandlung wird immer wieder die Frage aufgeworfen, welche Tätigkeiten und Abläufe im Spital am besten zur Genesung beitragen. Die vielen historisch gewachsenen Aktivitäten und Prozesse können so hinterfragt und verbessert werden. Der Mehrwert von Lean Hospital liegt darin, dass schlanke Prozesse den Patienten und den Mitarbeitenden gleichermaßen dienen.

9 Diskussion

Das Konzept des Lean Hospitals hat auch seine Grenzen, jedoch werden laut Matt, Franzellini, Rauch (2014, S 538-542) bis dato nur ein geringer Teil der eigentlich erreichbaren Potenziale ausgeschöpft. Als Grund dafür werden die nur sehr selektiv eingesetzten Methoden genannt. Hipp (2016, S. 3-7) äußert, dass Lean Hospital im deutschen Krankenhauswesen angekommen ist. Die Umsetzung effizienter Prozesse bleibt jedoch weiterhin eine Herausforderung, die in Angriff genommen werden muss. Ein weiterer Kritikpunkt bei der Implementierung ist, dass das Konzept mit zu hoher Geschwindigkeit in der Praxis umgesetzt werden soll. Dieser "Druck" der Umsetzung wird häufig durch das Management einer Klinik verursacht. Wichtig ist, dass vor der vollständigen Umsetzung eine Modellzelle in der Klinik geschaffen wird, in welcher das Modell des Lean Hospitals in Bezug auf die jeweiligen Strukturen und personellen Gegebenheiten erprobt wird. Laut Witter (2016, S. 34-36) sei ein Kontrapunkt, dass das Pflegepersonal sich an diese neue Arbeitsweise gewöhnen muss. Nicht allen Menschen liegt eine strukturierte Arbeitsweise, bei der vieles notiert wird. So kann es durchaus zu Personalwechsel bei der Einführung kommen. Und auch mit dem neuen System bleibt beim Patienten, der stündlich besucht wird, nicht unendlich Zeit für ausschweifende Gespräche. Im Gespräch mit einer Mitarbeiterin des Kantonsspitals Baselland in Liestal ergab sich ein Kritikpunkt. Bei jedem stündlichen Rundgang, wird bei allen Patienten der Schmerz abgefragt, dieses werde häufig als unnötige Fokussierung auf den Schmerz seitens der Pflegepersonen verstanden. Dies ist jedoch nur ein sehr subjektiver Eindruck, der seitens des Teams geäußert wurde. Kritiker des Lean Hospitals fokussieren sich oft auf die Wertstromanalyse, die zentrale Aussage der Wertstromanalyse wird häufig wie folgt verstanden, hier am Beispiel einer Notaufnahme: Der Fluss muss besser getaktet sein, dies bedeutet Patientenzeiten müssen besser getaktet werden. Kritiker sagen: Patientenzeiten kann man nicht Takten, jeder Mensch ist individuell und benötigt ein individuelles Zeitkontingent. Weitere Störfaktoren, die bei der Implementierung auftreten können, sind: Traditionelle Denk- und Arbeitsstrukturen, mangelhafte Kenntnisse und eingeschränktes Verständnis von Lean Management, mangelnde Unterstützung durch das Management, schablonenhafte Konzeptgestaltung, starke Opposition im mittleren Management, mangelnde Teamfähigkeit, Rollenprobleme der Führungskräfte, beschränktes Verständnis für Prozessdenken, Kundennähe und ein falsches Qualitätsverständnis. Im Experteninterview mit Hirsbrunner (2019) ist deutlich geworden, dass Lean nur funktioniert, wenn es strikt durchgeführt wird. Weiter meint Hirsbrunner (2019), dass es vor allem ein Problem bei den beruflichen Kompetenzen aufgetan hat, Mitarbeiter die beispielsweise nicht so gut Infusionen legen oder Blut abnehmen können, konnten sich laut Hirsbrunner (2019) in den alten Strukturen "gut durchmogeln", jetzt werden Fehler und Kompetenzmängel zwar direkt erkannt und können nachgeschult werden, dies führt aber bei manchen Mitarbeiter zu Missmut.

Auch in der deutschen Krankenhauspolitik, wo die Personalbemessungsgrenze deutlich unter dem der Schweiz liegt, ist es in Zukunft sinnvoll ein Managementkonzept, wie das des Lean Managements in Form des sogenannten "Lean Hospitals" einzuführen.

Da diese Arbeit sich überwiegend mit Literatur und Ergebnissen aus der Schweiz beschäftigt, ist es noch fraglich, inwiefern sich ein Lean Management-Konzept auf deutschen Krankenhausstationen durchsetzen kann. Da die Personalbemessungsgrenze deutlich (Abbildung 17) unter dem der Schweiz liegt, stellt dies für die Umsetzung in Deutschland eine große Herausforderung dar.

Diskussion

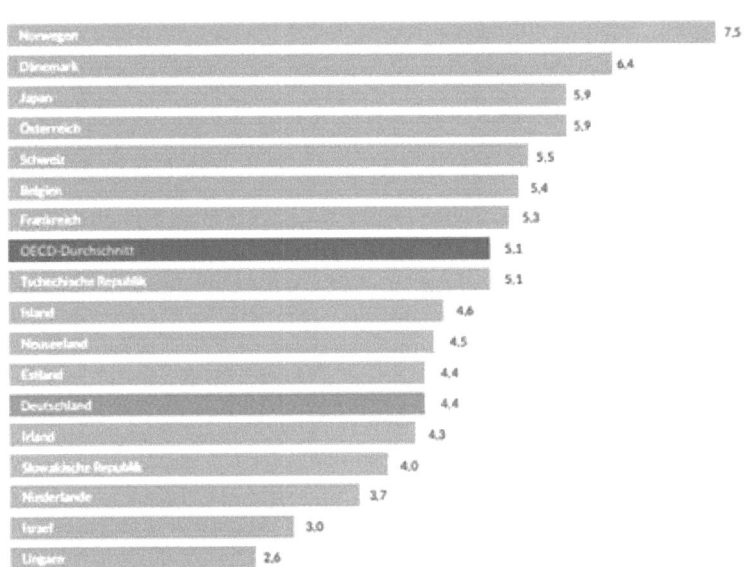

Abbildung 17 (Albrecht, Loos, Möllenkamp, Sander, Schiffhorst, Braeseke, & Stengel, 2017,S. 48)

Es gibt zwar bereits Kliniken in Deutschland, die Lean Management implementiert haben, aber diese beschränken sich auf Stationen in denen die Personalbemessungsgrenze deutlich höher sind, als auf einer peripheren Station, hierzu zählen vor allem Notaufnahmen und Intensivstationen. Der Versuch der Implementierung anhand der Seattle-Methode bleibt laut aktueller Literatur bis heute aus.

10 Fazit

Die aktuelle Literatur sowie die Expertenbefragung gibt Aufschluss darüber, ob die Implementierung eines Lean- Management Konzept einen Einfluss auf die Patienten- und Mitarbeiterzufriedenheit hat. Besonders deutlich geworden ist, dass Lean Management den Patienten in den Mittelpunkt stellt und sich nach diesem ausrichtet. Man kann davon ausgehen, dass Lean Hospital einen hohen Einfluss auf die Patientenzufriedenheit hat. Die Patienten haben besonders die stündlichen Rundgänge und die Whiteboards mit der Tagesstruktur als ein positives Element von Lean wahrgenommen. Die Mitarbeiterzufriedenheit betreffend wird deutlich, dass Lean Hospital einen positiven Einfluss auf diese hat. Besonders positiv werden seitens der Mitarbeiter die neuen und klaren Strukturen wahrgenommen. Wozu besonders der stündliche Rundgang und die mobilen Pflegewagen zählen. Hier sind zukünftig allerdings noch deutlich mehr Forschungsarbeiten und Studien nötig, die die Wirksamkeit von Lean Management auf die Patienten- und Mitarbeiterzufriedenheit aufzeigen.

Nicht abschließend geklärt werden kann, ob das Lean Management wirklich "schlanke" Strukturen im Gegensatz zu gewöhnlichen Managementmodellen schafft. Häufig werden zusätzliche Stellen geschaffen, um das Konzept des Lean Hospitals zu implementieren. Diese Stellen nennen sich z. B. Lean Manager oder Lean Beauftragter.

Durch die Verwendung von Ansätzen des Lean Managements wird der Fokus auf die Erzeugung von Werten, Vermeidung von Ballast und die Erhöhung von Qualität gestärkt. Im Lean gibt es viele Methoden, die auch ohne ein umfassendes Lean Management sinnvoll in Betrieben implementiert werden können. Das methodische Vorgehen und die Fokussierung auf die Innovationskraft der Mitarbeiter verlangt den Führungskräften eine ganz andere Form des bisherigen Umganges mit den Mitarbeitern ab. Es bedarf einer komplett anderen Art von Führungskompetenzen als in gewöhnlichen Managementformen. Das beständige Streben nach Perfektion, die aufzuwendende Energie, um die Umsetzbarkeit zu testen und jeden Tag aufs Neue zu hinterfragen, versetzt das Management wieder in die Aufgabenstellung zurück: ein Teil des Teams zu sein.

Eine Besonderheit des Lean Managements ist, dass an oberster Stelle das Wohl der Mitarbeiter und Patienten steht. Lean Hospital ist prozessorientiert und reißt Abteilungsgrenzen ein. Nur wer einen langen Atem hat, wird den Nutzen dieses

Konzeptes auch ernten können. Bei Toyota hat es Jahrzehnte gekostet diese "schlanke" und "mitdenkende" Kultur zu schaffen.

Obwohl das Lean Management dem Produktionsumfeld entspringt, findet es immer mehr Verbreitung in anderen Wirtschaftsbereichen. Natürlich hat das Lean Hospital nicht annähernd den Reifegrad des Lean Managements in der Automobilindustrie und es können auch nicht alles Werkzeuge und Methoden ohne weiteres übernommen werden. Das Lean Hospital ist ein guter Ansatz der Ökonomisierung bei dem der Patient, der Mitarbeiter und die Qualität im Mittelpunkt stehen und unserer Meinung nach eine gute Antwort auf die Ökonomisierung des Gesundheitswesens. Wobei die Kosten bei der Einführung durch Umstrukturierungen, Schulungen des Personals und Umbaumaßnahmen nicht zu unterschätzen sind.

Der Fachkräftemangel ist dafür vielleicht zu weit fortgeschritten, die Hürde der Umsetzung bis zu einem spürbaren Erfolg vielleicht zu groß. Was kann man also tun? Vielleicht ist es ein gangbarer Weg Lean zunächst in der Logistik einer Organisation zu implementieren, dort zu etablieren und dann Schritt für Schritt auf die anderen Bereiche des Unternehmens auszuweiten. Sinnvoll und überhaupt nur so auch möglich ist es jedenfalls den Verschlankungsaktivitäten der Unternehmensprozesse im Sinne von Lean im Vorfeld eine genaue Analyse der Ist- Prozesse durchzuführen und erst dann zum „Soll" überzugehen. Erst dann wird sich herausstellen wie Lean im Unternehmen umzusetzen ist. Wahrscheinlich hat jedes Unternehmen ein Lean-Potential, das erfasst und umgesetzt werden kann.

Literaturverzeichnis

Aebi, J. (2014) Weichen sind gestellt, Visite - Mit dem Kantonsspital Baselland in die Zukunft, Kantonsspital Baselland, Basel.

Albrecht, M., Braeseke, G., Loos, S., Möllenkamp M., Sander, M., Schiffhorst G., Stengel, V. (2017) Faktencheck - Pflegepersonal im Krankenhaus - Internationale Empirie und Status quo in Deutschland, Bertelsmann Stiftung.

Angerer, A., Brand, T., (2016) Lean Hospital - Optimierung einer Bettenstation am Beispiel des Spitalzentrums Biel, Das Krankenhaus, Kohlhammer, Stuttgart.

Bär, R., Putschert, P. (2014) Lean-Reporting - Optimierung der Effizienz im Berichtswesen, Heidelberg: Springer Verlag

Behrendt, H., Niederberger, S., Braun, G., Rüther-Wolf, K., (2018) Wie groß ist die Wirkung von Lean Hospital auf einer Bettenstation, clinicum, Dr. Hans Balmer AG, Olten.

Bertagnolli, F., (2018) Lean Management - Einführung und Vertiefung in die japanische Management-Philosophie, Springer Fachmedien Wiesbaden GmbH, Wiesbaden.

Beyer, S. (2018) Lean Healthcare als Chance im Wettbewerb? Klinik Management Aktuell Januar/Februar 2018, Jg. 23, Universität Düsseldorf.

Braun von Reinersdorff, A. (2007) Strategische Krankenhausführung - Vom Lean Management zum Balanced Hospital Management, Verlag Hans Huber, Bern.

Civan, B. (Jg. n.B.) Einführung eines Lean-Konzepts aus dem Toyota-Produktionssystem - Das Heijunka Prinzip, Masterarbeit, Universität Duisburg Essen.

Dinkel, J., Fransen, A., (2012) Mehr Zeit für die PatientInnen und höhere Zufriedenheit der Mitarbeitenden durch Lean Management, Gesundheitsförderung und Gesundheitskompetenz, resch druck - Thomas Resch KG, Wien.

Dohne, K.-D., Müssig, B. (2013) Lean-Philosophie, E-Book von Culture Work GmbH

Dombrowski U., Mielke T. (2015) Ganzheitliche Produktionssysteme - Aktueller Stand und zukünftige Entwicklungen. Springer Vieweg Verlag Berlin 2015.

Eglin Buser, S., Pfammatter, S., Paganoni, I., (2014) Zufriedenere Patienten und Mitarbeiter dank angepasster Prozesse, Competence, 12/2014, S. 20+21.

Frank, R., Möhlenkamp E., Paech S. (2017) Lean Management bei der Kliniken SÜDOSTBAYERN AG - Auf dem Weg zu einem schlanken und effizienten Entlassungsmanagement, kma, Jg.22, September 2017.

Franke, K., (2013) Heijunka - damit alles glatt läuft, YOKOTEN - Magazin für Operational Excellence und Best Practice Sharing, Heft 03/2013

Gebler, C. (2016) Lean management - Mythos oder Success Story - Lean Nowledge Book

Gittell, JH. (2011) Relational Coordination: Guidelines of Theory, Measurement and Analysis, Relational Coordination Research Collaborative, Brandeis University.

Gottschalk, J. (2018) Das schlanke Krankenhaus - Lean Management - Führen und verbessern im Krankenhaus der Zukunft, epubli GmbH, Berlin.

Gram, M., (2011) Wertstromanalyse als Potentialanalyse in der Prozessindustrie, WINGbusiness, S. 40-41, Jg. 2/2011

Günthner, W., Durchholz, J., Klenk, E., Boppert, J. (2013) Schlanke Logistikprozesse - Handbuch für den Planer, Springer Verlag, Berlin.

Gutzeit, A., Nufer, M., Huber, C., Kaiser, S., Funke, I., Utiger, D., Schläpfer, F., (2018) Lean und Kaizen-Management im Spital: ein Wundermittel?, Schweizerische Ärztezeitung, 2018/99 Ausgabe 25, S. 843-844.

Hahn, S., Stefan, H., Abderhalden, C., Needham, I., Schulz, M. und Schoppmann, S. (2012) "Gesundheitsförderung und Gesundheitskompetenz" Eine Herausforderung für die psychiatrische Pflege in Praxis - Management - Ausbildung - Forschung. Verlag Abt. Forschung/Entwicklung Pflege und Pädagogik, Bern.

Hattenbach, J. (2010) Lean Management - Schlankes Unternehmen, mbb GmbH & bb soz.

Hipp, R., (2016) Top Management Studie - Lean Hospital in deutschen Krankenhäusern, Porsche Consulting, Bietigheim-Bissingen.

Horisberger K., Bingisser, R. (2014) Die Wartezeiten haben sich massiv verkürzt - Die stetig wachsende Patientenanzahl brachte das Notfallzentrum des Baseler Unispitals an seine Grenzen. Die Einführung der medizinischen team-Evaluation verschaffte Luft, Competence, 12/2014, S. 17

Hugelmann, J. (2017) Konzeption, Ausprobung und Optimierung praktischer Lean Production & Administration Trainingsmodule für Studenten und Industrie, Bachelorarbeit, Hochschule Furtwangen

Jäggi, C., Bischof, F. (2015) Lean Methoden sind im Schweizer Gesundheitswesen angekommen - Lean Prinzipien, die übergreifend für eine ganze Organisation gelten, noch nicht, Walkerproject.

Kempter, R. (2014) Entwicklung eines Konzepts zur Umsetzung von Lean Management in IT-Unternehmen zum Servicebetrieb von Applikationen klein- und mittelständischer Kunden mit heterogener Anforderungsstruktur, Master Thesis, Donau-Universität Krems

Klauber, J., Geraedts, M., Friedrich, J., Wasem, J. (2013) Krankenhaus-Report 2013, Stuttgart Schattauer Verlag.

Kübler, F. (2017) Im Krankenhaus: Effizienz im Spital- Selbstverständlichkeit, Realität und Herausforderung, Therapeutische Umschau, Ausgabe 74, S. 796-804

Kuntz, L., Bazan, M. (2012) Management im Gesundheitswesen - Diskussionspapiere des Arbeitskreises "Ökonomie im Gesundheitswesen" der Schmalenbach-Gesellschaft für Betriebswirtschaft e.V.. Springer Gabler, 2012.

Lingenfelder M. (2009), Lean Management als wirksame Therapie gegen zunehmende Arbeitsverdichtung im Krankenhaus - Mit "Lean Hospital" die Leistungsfähigkeit steigern. f&w, Ausgabe 04/2009.

Matt, D., Franzellini, V., Rauch, E., (2014) Lean Hospital - mit Motivation und Methode zum schlanken Krankenhausbetrieb, das Krankenhaus, Heft 6/2014, S. 538-542

Matt, D., Siller, M., Prantl, M. (2015) Patientenorientierte und effiziente Notfallversorgung durch Lean Hospital in Südtiroler Krankenhäusern. Das Krankenhaus, Heft 6-2015, W. Kohlhammer GmbH Stuttgart.

Meurer, R. (2015) Shopfloor Management, Führungskräfte kommen in die Produktion, erschienen am 21.10.2015, auf www.business-wissen.de

Ockert, S. (2017) Prozessmanagement, Gefässchirurgie, Springer Medizin Verlag GmbH, S. 460-461, Jg. 7/2017

Puliafito S., Scher P., Radnic S. und Borradori L. (2014) Steigerung der Produktivität durch Lean Management in der Universitätsklinik für Dermatologie. Dienstleistungen im Gesundheitssektor, Springer Fachmedien.

Reverol, J. (2012) Creating an Adaptable Workforce: Using the Coaching Kata for Enhanced Environmental Performance. Environmental Quality Management, Winter 2012.

Rittiner, F., Haller, N., (2011) Optimale Entwicklung mit steter Verbesserung, io management, S. 68-71, Jg. 06/2011

Rüd, J. (2010) Go to Gemba oder die Weisheit liegt im Keks - Kaizen, Managementcircle, 1-2/2010

Scholz, A., (2016) Die Lean-Methode im Krankenhaus - Die eigenen Reserven erkennen und heben, Springer Gabler, Wiesbaden.

Schröder, J., Tomanek, D. (2015) Wertschöpfungsorientiertes Bechmarking - Logistische Prozesse in Gesundheitswesen und Industrie, Wer, Wertschöpfung und Verschwendung, Heidelberg: Springer Verlag.

Schwab, F. (2015) Wer die Prozesse im Griff hat, kann pünktlich nach Hause gehen, Competence, 7-8/2015, S. 40.

Schwickert, A., Ostheimer, B., Eroglu, M. (2011) Kaizen, TPM, Lean - Grundlagen, Abgrenzung, Zusammenhänge - Arbeitspapiere Wirtschaftsinformatik, 4/2011

Spallinger, R., Huber, C.-M., Kämpfer, M. (2017) Patient zuerst, Lean Hospital, Competence, 1-2/2017, S. 26+27

Spilsbury K., Meyer J. (2001) Defining the nursing contribution to patient outcome: lessons from a review of the literature examining nursing outcomes, skill mix and changing roles, Journal of Clinical Nursing, Jg.10 3-14, 2001.

Suske, E., (2010) Lean Logistics, Diplomarbeit, Hochschule für Angewandte Wissenschaften Hamburg.

Tautrim, J., (2014) Lean Administration - Wesentliche Konzepte und Werkzeuge für mehr Effizienz in der Verwaltung, epubli GmbH, Berlin.

Tautrim, J., (2014) Lean Administration, Wesentliche Konzepte und Werkzeuge für mehr Effizienz in der Verwaltung, Lean Institute Verlag.

Thiele, D. (2017) Mit schlanken Management zum Unternehmenserfolg - Lean Management in der Praxis: Qualitätsmanagement 4.0, Pflegezeitschrift Jg. 70 Heft 8, Springer 2017.

Tscheppe, DM., (2017) Verbesserung der Versorgung, Partizipation und Effizienz durch innovatives Klinikmanagement. Evaluierung der Umsetzung von Lean-Prinzipien im Rahmen der Debriefings bei Notfallsimulationen und Teamboard-Meetings im Krankenhaus der Barmherzigen Brüder Graz. Postgraudate School - Medizinische Universität Graz.

Vater, A. (2008) Vom Lean Management zum Lean Hospital. Führungskompetenzen für Pflegekräfte in verschlankten Klinikstrukturen, Diplomarbeit, Hamburger Fern-Hochschule

von Eichel, S., (2013) Lean Management in der Pflege - Chancen und Grenzen, Bachelor Thesis, Fachhochschule Frankfurt am Main

Walker, Alkalay, M., Angerer, A., Drews, T., Jäggi, C., Kämpfer, M., Lenherr, I., Valentin, J., Vetterli, C. (2015) Lean Hospital - Das Krankenhaus der Zukunft, Medizinisch Wissenschaftliche Verlagsgesellschaft, Berlin.

Walker, Alkalay, M., Kämpfer, M., Roth, R., (2017) Mehr Zeit für Patienten - Lean Hospital im Einsatz auf der Station und in der Abteilung, Medizinisch Wissenschaftliche Verlagsgesellschaft, Berlin.

Walker, D., Kämpfer, M., (2014) Wer Lean Hospital einführen will, begibt sich auf eine Reise, Competence, 12/2014, S. 10-11.

Weimann, E. (2018) Lean- Management und kontinuierlicher Verbesserungsprozess im Krankenhaus. Der Pneumologe. Springer Medizin Verlag GmbH 2018.

Wittwer, B., (2016) Pflegeprozesse optimieren mit Lean Hospital Management, Heime und Spitäler, Ausgabe 4, 10/2016, S. 35-36

Abbildungsverzeichnis:

Abbildung 1: In sechs Schritten zu wirkungsvoller Führung 10

Abbildung 2: Bereiche der Implementierung 13

Abbildung 3: Das Kaizen Board 21

Abbildung 4: Poster der 5S-Methode 23

Abbildung 5: Patient im Mittelpunkt 33

Abbildung 6: Pull-Prinzip 37

Abbildung 7: Coaching Kata-Prinzip 38

Abbildung 8: Das Huddelboard 43

Abbildung 9: Situation ohne stündlichen Rundgang 44

Abbildung 10: Situation mit stündlichem Rundgang 45

Abbildung 11: 4P-Runde 46

Abbildung 12: 7P-Runde 46

Abbildung 13: Mobiler Pflegewagen 47

Abbildung 14: Materialwirtschaft 49

Abbildung 15: Flowboard 50

Abbildung 16: Huddle-Board 51

Abbildung 17 (Albrecht, Loos, Möllenkamp, Sander, Schiffhorst, Braeseke, & Stengel, 2017,S. 48) 61

Tabellenverzeichnis

Tabelle 1: Führungsgemba 32

Tabelle 2: Standardprozess 36

Anhang: Fragebogen für ein telefonisches Interview

Lean Management in der Pflege - Die Auswirkung der Implementierung eines Lean Management Konzeptes, auf die Mitarbeiter- und Patientenzufriedenheit

Nach den Schilderungen der aktuellen Situation unseres Gesundheitswesens und dessen Problemen, wird in dieser Arbeit der Frage nachgegangen, ob in Einrichtungen mit Lean Management Ansätzen, eine höhere Mitarbeiter- und Patientenzufriedenheit herrscht und besser auf die Probleme unseres Gesundheitswesens reagiert werden kann, als in einer Einrichtung mit klassischen Management Strukturen.

Frage 1: Welche Unterschiede haben sich seit der Implementierung von Lean Hospital besonders im Arbeitsalltag bemerkbar gemacht?

Anja: Besonders bemerkbar gemacht hat sich, dass ich weniger Wege zurücklegen muss. Das ist vor allem durch den Lean Wagen bei dem man schon viel Material dabei hat und auch dadurch, dass das gesamte Material auf der Abteilung sinnvoll aufgeräumt und verteilt ist. Man weiß wo was ist. Was sich für mich vor allem verändert hat, ist dass ich am Anfang jeder Schicht weniger vorbereiten musste. Gerade beim Frühdienst, wo ich mich zuvor überlegen musste, dass ich bei einem Patienten Blut abnehmen musste, beim anderen einen Verband machen, bei dritten einen Infusionszugang legen musste. Dann musste ich mir für alle überlegen welches Material ich brauchte. Seit Lean kann ich morgens einfach mit meinem Wagen rein gehen und dann schauen was ich brauche, weil ich eigentlich jetzt immer alles dabei habe. Dadurch gab es weniger Suchzeiten ich hatte weniger Dinge gesucht zum Beispiel war einfach immer klar wo die Patienten Dokumentation war weil es einfach nur einen Ort dafür gab. Man hat weniger Personen gesucht, weil man wusste wo sie wann waren. Dadurch hat alleine schon sehr viel Zeit durch das nicht suchen gespart. was sich auch verändert hat ist dass man dadurch weniger Pausenzeiten hatte wo man einfach über die Abteilung geht und jemanden sucht oder wo man im Büro sitzt und miteinander plaudert und so. man war mehr am Gehen und am Stehen und mehr am Arbeiten und es gab nicht mehr diese natürlichen Arbeitspausen.

Frage 2: Was hat sich deiner Meinung nach durch die Implementierung von Lean Management im Arbeitsalltag verschlechtert?

Für mich hat sich nichts verschlechtert nach durch die Einführung von Lean. Ich bin halt einfach ein Lean Fan. Was andere Leute als Verschlechterung anschauen ist, dass was ich vorher erwähnt habe. Das sich die Natürlichen pausen sich nicht mehr so ergeben, dadurch sehen gewisse Leute eine Verschlechterung des Team Zusammenhalts, das man nicht mehr am Nachmittag zusammen im Büro sitzt und sich austauscht. Man sieht sich weniger, man spricht weniger miteinander. Man hat weniger mit dem Team zu tun. Das sehen gewisse Leute als Verschlechterung an und ältere Pflegepersonen sagen, sie können nicht mehr so individuell pflegen wie früher, da sie mit den stündlichen runden eingeschränkt werden.

ich finde, dass beides schwache punkte. ich habe immer noch das Gefühl eines guten Team Zusammenhalts und ich kann die Patienten immer noch individuell pflegen.

Frage 3: Was hat sich deiner Meinung nach durch die Implementierung von Lean Management im Arbeitsalltag verbessert?

Das ist natürlich eine riesen Frage. Erstmal die ganzen Punkte die ich bei Frage eins erwähnt habe. Andere Punkte sind: die Struktur. Man hat deutlich mehr Struktur im Alltag alleine durch die stündlichen runden, man weiß wo was ist, auch die anderen Pflegemitarbeiter machen ja die stündlichen runden, unter anderem auch die Pflegeassistenten. Wenn der Patient mal sagt ich möchte einen Tee, dann weißt du genau in einer halben Stunde kommt die Pflegeassistentin vorbei. Dann kann ich dem Patienten sagen, in einer halben Stunde kommt jemand. Oder wenn ich weiß die Runde war gerade vorbei, dann kann ich dem Patienten einen Tee auch selber organisieren. Solche Dinge fand ich extrem gut. Durch diese Struktur wird weniger vergessen, weil man einfach jede Stunde in jedem Zimmer war, konnte man auch vor allem die selbstständigen Patienten die sich nicht so häufig gemeldet haben, die gehen ja teilweise so ein bisschen unter im Pflegestress. Ganz klar finde ich auch einen Verbesserungspunkt, dass das Aufgabengebiet der verschieden Berufe angepasst werden sollte. Ein Ziel von Lean ist ja auch das man im oberen Drittel seiner Kompetenz arbeiten kann. Gerade für unsere Frage war das extrem cool. die konnten viel mehr machen als auf anderen Abteilungen. Das führt natürlich dazu, dass man das Gefühl hat, dass man etwas Sinnvolleres macht. dazu komme ich aber nochmal bei punkt sechs. Der Bürodienst der gemacht wurde, der Administrationsdienst. Der bringt einfach viel mehr ruhe in die gesamte Abteilung, weil jeder schon mal unglaublich viel davon nicht mehr machen muss, man wird nicht mehr durch das Telefon oder so aus der Arbeit gerissen. Dadurch muss man jemanden hat der das Telefon immer dabei hat. Jeder kann sich einfach auf dieses Administrationsdienst verlassen. Die Zusammenarbeit mit den Ärzten hat sich verbessert, dank fester Visitenzeiten. Dadurch gab es weniger Frust auf beiden Seiten, wenn der Arzt Visite machen sollte aber keine Zeit hatte, hat die pflege früher auch mal auf den Arzt gewartet und der ist nicht gekommen. Jetzt gibt es fixe Visiten Zeiten, wenn jemanden nicht kann wird es jetzt klar kommuniziert und es gibt weniger Frust. Es gab auch weniger Frust mit anderen Diensten, zum Beispiel bei den Physios, die wissen zu den Zeiten wo wir sind und müssen uns nicht lange suchen sondern können einfach zu und in die Zimmer gehen. Andere Dienste nutzen auch gerne das Patienten Board. Auch wir konnten Pflegeziele an das Patienten Board schreiben. Die Therapeuten schreiben ihre Ziele an das Patienten Board. Die sehen unsere Ziele und wir sehen deren Ziele. Das ist echt toll.

Frage 4: Welche Schwierigkeiten gab bei der Einführung von Lean Management in eurem Spital?

Ich war ja nicht wirklich dabei, als es eingeführt wurde. da war ich gerade in der Pause vom Spital. Was ich aber mehrfach bemerkt habe, ist das Lean einfach nur klappt wenn es total durchgezogen wird. Wenn man es nur ein bisschen einführt hat das leider nichts mit Lean zu tun. Zum Anfang ist es etwas schwierig, dass man diese Strukturen etwas erzwingen muss. So dass die anderen immer erzählt haben, dass Monika zu jeder Stunde um 58 auf dem Flur stand und geschaut hat ob wirklich alle beim stündlichen Flow sind. Das ist zum Anfang einfach nötig damit man diese Struktur wirklich ins Fleisch geschnitten kriegt, danach kann man irgendwann mal einen Flow weglassen, wenn es mal nicht geht oder so. Aber man weiß das der Flow da sein müsste. Das ist eine Schwierigkeit, dass man zum Anfang das Lean wirklich durchzieht.

Frage 5: Welche Grenzen ergeben sich deiner Meinung nach, bei dem Konzept des Lean Managements?

Eine gute Grenze ist, dass sich Leute in ihren beruflichen Kompetenzen eher schwach sind, die können sich nicht mehr so gut durchmogeln. Was in der alten Struktur war es so, dass wenn jemand nicht so gut im blutabnehmen ist, sich davor gut drücken kann. Oder jemand der einfach nicht klar kommt mit Pflegeplanung, der macht es dann mal einfach nicht. ich finde mit der Einführung von Lean gehen solche Dinge einfach nicht mehr. es wurde gleich klar wenn jemand in einer Tätigkeit nicht sicher war. Das war für den Betrieb und sicherlich auch für den Patienten gut, die Pflegepersonen wurden dann nachgeschult oder mussten wenn es nicht anders ging die Abteilung verlassen. Manche fanden das dies. Ich fand es aber super. Lean ist eine Einstellung und eine Philosophie die sich anpassen lässt. ich finde Lean ist Grenzen los.

Frage 6: Wie wirkt sich Lean Management auf die Mitarbeiterzufriedenheit aus?

Lean wirkt sich unglaublich gut auf die Mitarbeiterzufriedenheit aus. Wie ich ja schon mal genannt habe, denn man arbeitet im oberen Drittel seine Kompetenzen man fühlt sich gefordert. Alle aus meinem Team, die auf anderen Abteilungen mal eingesetzt wurden, die waren einfach gefrustet weil sie diese Struktur auf den anderen Stationen vermisst haben. Gewisse Personen, die sich gesagt haben, das individuelle Pflegen geht unter, die hatten dann jedoch durch Lean eine eingeschränkte Mitarbeiterzufriedenheit. Ansonsten habe ich jedoch Lean als Verbesserung der Mitarbeiterzufriedenheit angesehen.

Frage 7: Wie wirkt sich Lean Management auf die Patientenzufriedenheit aus?

Lean Wirkt sich bei der Patientenzufriedenheit gut aus, wir haben Rückmeldungen erhalten, dass Patienten gute Informationen bekommen haben. Gerade morgen Früh bei der ersten Runde, man nennt durch die 7Ps den Tagesplan. Für uns sind die 7 Ps so normal. Und die Patienten sehen das als riesige Bereicherung an, dass sie gleich morgens wissen was über den Tag so passiert. Sie wussten wann was läuft, sie hatten das Gefühl es funktioniert. Wir hatten mehr Fachpatienten (HNO) die nur auf unserer Station wollten weil sie wussten dass es bei uns einfach funktioniert. Wir haben eine extrem gute Patientenzufriedenheit dank Lean.

Frage 8: Könntest du dir vorstellen wieder auf einer Station mit alten Strukturen zu arbeiten?

Ich würde mal sagen, ich arbeite lieber wieder auf einer Station mit ganz alten Strukturen, als auf einer Station wo Lean halbwegs eingeführt wurde, weil Lean nur halb mehr schmerzt als dass es irgendwas bringt. Deshalb würde ich als aller erstes lieber wieder auf einer Station arbeiten, wo Lean implementiert wurde. Wenn das nicht geht, dann lieber ganz ohne Lean als nur teilweise Lean. Nur teilweise Lean schmerzt. Grundsätzlich: Go Lean! Das ist meine Nachricht.